U0742767

聪明孩子喜欢的逻辑思维游戏

三角形童书馆 ◎编著

中国纺织出版社

内 容 提 要

逻辑思维游戏能让你在贴近生活且趣味十足的问题中，开动大脑，一步步利用已知的条件探究未知的事实。通过这些有趣的游戏，你会发现自己变得更聪明、更智慧了。本书共收集了 200 个逻辑思维游戏，从中你可学习到包括数学、自然等多方面的知识，让你在游戏中提升自己的逻辑思维能力。

图书在版编目（CIP）数据

聪明孩子喜欢的逻辑思维游戏 / 三角形童书馆编著 . -- 北京 ： 中国纺织出版社，2019.3（2019.5 重印）
（经典脑力大挑战）
ISBN 978-7-5180-5268-4

Ⅰ．①聪… Ⅱ．①三… Ⅲ．①智力游戏—少儿读物 Ⅳ．① G898.2

中国版本图书馆 CIP 数据核字（2018）第 171845 号

策划编辑：王 慧　 责任校对：楼旭红　 责任印制：储志伟

中国纺织出版社出版发行
地址：北京市朝阳区百子湾东里 A407 号楼　 邮政编码：100124
销售电话：010—67004422　 传真：010—87155801
http://www.c-textilep.com
E-mail:faxing@c-textilep.com
中国纺织出版社天猫旗舰店
官方微博 http://weibo.com/2119887771
北京云浩印刷有限责任公司印刷　 各地新华书店经销
2019 年 3 月第 1 版 2019 年 5 月第 2 次印刷
开本：889×1194　 1 / 32　 印张：6
字数：114 千字　 定价：29.80 元

人的头脑就像一座宝藏，有巨大的潜能等待我们去挖掘，人的一生可以通过学习来不断地充实头脑和获取知识。

思维训练是20世纪中期诞生的一种头脑智能开发和训练技术，思维训练游戏既能锻炼孩子们的思维能力，又能提升孩子们的智力水平，是开启孩子们智慧大门的金钥匙。

本丛书精心挑选、收集和整理了一千多个面向低龄儿童的思维游戏，包括数学思维游戏类、图形思维游戏类、逻辑思维游戏类、探案思维游戏等，共计六个方面。让孩子成长、成才是每一个家长和老师的愿望，为此，我们一定要运用科学的方法教育孩子，不仅要掌握一套行之有效的学习方法，更要全面开发他们的思维能力，只有让思维锻炼活跃起来，才能有不断进步的可能，这远比获得一份优异的成绩更重要。

聪明孩子喜欢的

逻辑思维游戏

第 1 章
递推法
环环相扣有依据
/ 11

第 2 章

排除法
缩小范围现真相
/ 35

聪明孩子喜欢的逻辑思维游戏

第 3 章
假设法
假戏真做揭谜底
/ 057

聪明孩子喜欢的
逻辑思维游戏

第 4 章

类比法
由此及彼巧推理
/ 085

第 5 章

分析法

条分缕析勤归纳

/ 101

聪明孩子 喜欢的
逻辑思维游戏

答案

/ 133

第 1 章

递推法
环环相扣有依据

1 难度：★★★☆☆　用时：＿＿＿＿＿

猫捉老鼠的游戏

如果 5 只猫在 5 分钟可以抓 5 只老鼠，那么，100 分钟要抓 100 只老鼠，需要多少只猫？

2 难度：★★★☆☆　用时：＿＿＿＿＿

运动员的运动装

如果所有的运动员都有运动装,那么国家队的运动员会有(　　)。

A. 更多的运动装　　B. 更贵的大衣　　C. 运动装

D. 定做的运动装

3

难度：★★★☆☆ 用时：＿＿＿＿＿

真的公平吗

两个孩子都拿出相同数量的零用钱买点心吃，大孩子对小孩子说："这些点心每个都是 1 元钱，而你一共比我多吃了 2 个，你再给我 2 元钱就公平了。"小孩子想了想觉得这样做很公平，就同意了。那么，真的公平吗？

4

难度：★★★☆☆ 用时：＿＿＿＿＿

老板的秘书

老板的秘书还未到参加选民选举的年龄，老板的秘书有着漂亮的头发。所以，老板的秘书是个未满 21 周岁的姑娘。这个推理对吗？

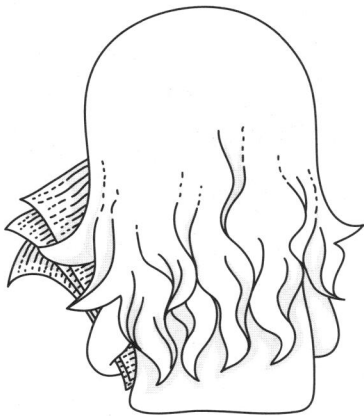

5 难度：★★★☆☆ 用时：＿＿＿＿

商人贩萝卜

一个商人骑一头驴要经过 1000 千米长的路程去卖 3000 根胡萝卜。已知一头驴一次可驮 1000 根胡萝卜，但每走 1 千米又要吃掉 1 根胡萝卜。问：走到目的地时最多能剩多少胡萝卜？

6 难度：★★★☆☆ 用时：＿＿＿＿

今天到底星期几

一个老太太忘记了今天是星期几，所以问老伴，可老伴给她出了难题，就说："当'后天'变成'昨天'时，那么'今天'距星期天的日子，将和当'前天'变成'明天'时的那个'今天'距离星期天的日子相同。"老太太想了半天，也不知道今天是星期几，你能判断出今天到底是星期几吗？

7

难度：★★★☆☆ 用时：＿＿＿＿＿＿

君子与小人

理想国只有两种人，一种是君子，只讲真话；另一种是小人，只说假话。如果你到了这个地方遇到了甲乙两个人。甲告诉你："或者我是小人，或者乙是君子。"

你能由此判断甲和乙的身份吗？

8

难度：★★★☆☆ 用时：＿＿＿＿＿＿

由成本带来的问题

日本制成衣服的成本比美国低 10%，即使加上关税和运输费，从日本进口衣服仍然比美国生产便宜，由此我们可以知道，下列哪一项是正确的？

A. 日本的劳动力成本比美国低 10%

B. 由日本生产衣服的费用是美国的 10%

C. 由日本运一些衣服的费用高于在美国制成衣服的 10%

D. 从日本进口衣服的关税低于美国生产成本的 10%

9

难度：★★★☆☆ 用时：＿＿＿＿＿＿

谁是哥哥

小亮的哥哥有四个好朋友，他们五个人中每个人要么是教练，要么是程序员，而且有三个人的年龄小于 25 岁，两个人的年龄大于 25 岁。

如果知道：

（1）五个人中有两个人是程序员，有三个人是教练。

（2）甲和丙的是同一年出生的，丁和戊的年龄的平均数正好是 25。

（3）乙和戊的职业相同，丙和丁的职业不同。

（4）小亮的哥哥是一位年龄大于 25 岁的程序员。

你知道谁是小亮的哥哥吗？

10 难度：★★★☆☆ 用时：_____

由聊天判断住处

一位女士在柏林机场，看见五位先生正在候机室里聊天，他们身旁各放着自己的手提箱。一只箱子上面写着法国巴黎的地址，另一只上面标的是印度新德里，其余三只箱子上面的地名分别为美国的芝加哥、纽约和巴西的巴西利亚。她开始不知道他们各住何处，听了下面的对话才明白。

A 先生："我外出旅行频繁，到过北美洲多次，可未去过南美洲，下个月打算去巴黎。"

B 先生："到时我从南美洲动身与你在那儿会面，去年我到芝加哥旅行了一趟。"

C 先生："去年我到过美国芝加哥。"

D 先生："我从未到过那儿，从护照上看你们四位都来自不同的国家。"

E 先生："是啊，我们住在四大洲的五个地方。"

你知道他们分别住在哪里吗？

11 巧用符号让算式成立

难度：★★★☆☆ 用时：_____

在下面的数字中间，加上加减乘除和括号，让等式成立。

1 2 3 = 1
1 2 3 4 = 1
1 2 3 4 5 = 1
1 2 3 4 5 6 = 1
1 2 3 4 5 6 7 = 1
1 2 3 4 5 6 7 8 = 1

12 羊吃草的问题

难度：★★★☆☆ 用时：_____

在一个牧场，已知养 27 只羊，6 天的时间它们把草吃完；假如养 23 只羊，9 天的时间能把牧场上的草吃完，如果养 21 只羊，几天能把草吃完？（注意牧场上的草是一直生长的）

13

难度：★★★☆☆　用时：＿＿＿＿＿＿＿

带了多少钱

　　有三个孩子准备自己出去玩，但需要有路费，于是他们把兜里所有的钱都掏出来，一共有320元。其中有两张10元的，两张50元的，两张100元的。每个孩子所带的钱中没有相同的，而且没带100元的孩子也没带10元的，没带50元的也没带100元的。那么，这3个孩子各自带了多少钱呢？

14

难度：★★★☆☆　用时：＿＿＿＿＿＿＿

美丽的郁金香和兰花

　　郁金香和兰花是两种很美丽的花朵，美娜在花园里种了30朵郁金香和兰花，无论你摘下任何两朵花，都至少有一朵是郁金香，那么，你能判断出她种了多少朵兰花吗？

15 安全过河

难度：★★★☆☆　用时：＿＿＿＿＿＿

有 3 个坏人和 3 个好人要过河，但如何保证好人的安全是个问题，因为在河的一岸，只要坏人的个数超过好人的个数，那么好人就会被坏人杀死，如果坏人的个数等于或者少于好人个数，则相安无事。现在只有一艘船，且一次只能 2 人搭乘。如何能让所有人都安全过河？

16 狮子过河

难度：★★★☆☆　用时：＿＿＿＿＿＿

有 3 只母狮子，它们各自带一只小狮子。我们就用 A、B、C 代表母狮子，用 a、b、c 代表它们各自的小狮子。A 狮子要照顾 a 狮子，以此类推。

母狮子不会互相攻击，小狮子也不会互相攻击。

母狮子不在，自己的小狮子就有危险了。

母狮子全都会划船，小狮子只有 c 会划船。

现在问题来了：它们要过一条河，但只有一只船，每次只能载两只狮子（不论大小），怎样才能让所有狮子安全过河？

17 难度：★★★☆☆ 用时：_____

信封里的钱

　　有数额不等的钱放进两个信封里面，现在交给甲、乙两人。甲、乙两人事先不知道信封里钱的数额，只知道每个信封里的钱数可能为 5 元、10 元、20 元、40 元、80 元和 160 元中的一个，并且其中一个信封的钱是另外一个的 2 倍。

　　甲、乙拿到信封，各自看到自己信封中的数额，但不知道对方信封中的数额，若现在给他们一个与对方交换的机会，请问，他们如何判断是否应当交换？

18 难度：★★★☆☆ 用时：_____

国籍的问题

　　有六个不同国籍的人，他们分别是 A、B、C、D、E、F，他们的国籍分别是日本、瑞典、英国、法国、俄罗斯和中国（名字与国籍并不是一一对应的）。

　　已知：

　　（1）A 和日本人分别是医生。

　　（2）E 和俄罗斯人是教师。

　　（3）C 和瑞典人是工人。

　　（4）B 和 F 曾经当过兵，而瑞典人从没当过兵。

　　（5）法国人比 A 年龄大，中国人比 C 年龄大。

　　（6）B 同日本人下周要到英国去旅行，C 同法国人下周要到瑞士去度假。

　　请判断六个人分别是哪国人？

19

难度：★★★☆☆ 用时：＿＿＿＿＿

家中的孩子

一家有三个孩子 A、B、C，其中 A 和 B 相差 3 岁，B 和 C 相差 2 岁，并且 A 不是长子。那么这三个孩子年龄的排列应该是怎样的呢？

20

难度：★★★☆☆ 用时：＿＿＿＿＿

帽子的颜色

有 3 顶红帽子和 2 顶黄帽子，将其中的 3 顶帽子分别戴在甲、乙、丙三人头上。这三人每人都只能看见其他两人头上的帽子，且都不知道剩余的 2 顶帽子的颜色。问甲："你能判断出你戴的是什么颜色的帽子吗？"甲回答说："不知道。"接着，又以同样的问题问乙，乙想了想之后，也回答说："不知道。"最后问丙，丙回答说："我知道我戴的帽子是什么颜色了。"当然，丙是在听了甲、乙的回答之后才做出回答的。

请问你知道丙戴的是什么颜色的帽子吗？

21 难度：★★★☆☆ 用时：_____

财产的继承

王老板有五个可能继承者——A、B、C、D、E。他的遗产为七间房子，编号为 1 ~ 7 号。七间房将按以下条件分配：

① 没有一间房可以合分，没有一个继承者可继承三间以上房屋。

② 谁继承了 2 号房间，就不能继承其他房间。

③ 没有一个继承者可以既继承 3 号房间，又继承 4 号房间。

④ 如果 A 继承了一间房或数间房，那么 C 就不能继承。

⑤ 如果 A 继承了 2 号房间，B 就必须继承 4 号房间。

⑥ E 必须继承 6 号房间，而不能继承 3 号房间。

那么，（1）如果 A 继承了 2 号房间，谁必须继承 3 号房间？

（2）如果 A 继承了 2 号房间，其他三人各继承两间房，那么他们三人不可能同时继承哪两间房？

A. 1 号和 3 号   B. 1 号和 6 号

C. 1 号和 7 号   D. 4 号和 5 号

E. 6 号和 7 号

22 难度：★★★☆☆ 用时：_____

调换座位

八个同学坐成一排，现在老师需要调换四个学生的位置，其余四个学生的位置不变，那么共有多少种调换方法？

难度：★★★☆☆ 用时：＿＿＿＿＿

23

读书的顺序

甲、乙、丙、丁、戊五人各从图书馆借来一本小说。他们约定读完后互相交流，经过数次交换后，他们五人每人都读完了这五本书。现已知：

（1）甲最后读的书是乙读的第二本；

（2）丙最后读的书是乙读的第四本；

（3）丙读的第二本书是甲读的第一本；

（4）丁最后读的书是丙读的第三本；

（5）乙读的第四本书是戊读的第三本；

（6）丁读的第三本书是丙读的第一本。

根据以上信息，请判断他们五人具体的阅读顺序。

难度：★★★☆☆ 用时：_____

24 把钱还清

有 A、B、C、D 四人，他们是好朋友，A 向 B 借了 10 元钱，B 向 C 借了 20 元，C 向 D 借了 30 元，D 向 A 借了 40 元。一个偶然的机会，4 个人相遇了。他们决定把钱还清，他们想在动用最少钱并且钱移动的次数也最少的情况下结算，请问该如何还钱？

难度：★★★☆☆ 用时：_____

25 没钱的尴尬

有一位女士去外地旅行时没有钱了，她要在一个陌生的小镇待上七天，等待她的家人给她寄钱过来。但是在这七天的时间内，她必须付她的房费，她只剩下一条由七个金环套在一起的手链，店主同意她每天用一个金环来充当她的房费，等她有钱的时候可以来赎回这些金链环。但是她必须自己把链环割开。

那么，在每天必须付一个链环作为房费的情况下，有一种方法是割开第二、四、六个环，这样就可以把七个环都分开来付房费了，但是，有没有更少的分割方法呢？

26 哪个菜系

难度：★★★☆☆ 用时：_____

在某餐馆中，所有的菜或者属于川菜系，或者属于粤菜系，张先生点的菜中有川菜，因此，张先生点的菜中没有粤菜。

以下哪项最能增强上述论证？

A. 餐馆规定，如果点了川菜，可以不点粤菜，但点了粤菜，一定也要点川菜

B. 餐馆规定，点粤菜就不能点川菜，反之亦然

C. 张先生是四川人，只喜欢川菜

D. 张先生是广东人，但不喜欢粤菜

E. 张先生是四川人，最不喜欢粤菜

27 狗、鸡和米的问题

难度：★★★☆☆ 用时：_____

一个人要过河，但他还带着一条狗、一只鸡、一些米，船很小，一次只能带一样。但是当人不在的时候，狗会咬鸡、鸡会吃米。请问这个人要怎样做才能把三样东西都带过河？

28 难度：★★★☆☆ 用时：_____

狮子的晚餐

狮子逮到了十只兔子，它只想把中间的一只作为晚餐。于是它让这 10 只兔子站成一排，然后从头起，"一、二、一、二"地报数，凡是报出"一"的都可以离开，最后剩下的那只就是它的晚餐。

那么，最后被狮子吃的兔子是哪一只呢？

29 难度：★★★☆☆ 用时：_____

巧妙求婚

亮亮喜欢上了佳佳，他去向佳佳的父亲求亲，佳佳的父亲知道自己的女儿很喜欢这个小伙子，但是他想难为亮亮一下，于是他对亮亮说："让我同意把女儿嫁给你也可以，但是你必须说一件令我不相信的事情，如果你能说出的话，我就让你娶我的女儿。"

亮亮想了想，说了一句话，佳佳的父亲听了，知道自己无论怎么说都要把女儿嫁给他。于是很满意，就同意了这门婚事。

你知道亮亮说的是什么话吗？

30

难度：★★★☆☆ 用时：＿＿＿＿＿＿

芯片测试

有 2000 块芯片，已知好芯片比坏芯片多。请设计算法从其中找出一块好芯片，说明你所用的比较次数上限。其中：好芯片和其他芯片比较时，能正确给出另一块芯片是好还是坏。坏芯片和其他芯片比较时，会随机的给出好或是坏。

31

难度：★★★☆☆ 用时：＿＿＿＿＿＿

靠吃赢比赛

有一个老师对他的两个学生说："这里有五个苹果，你们每人每次最多只能拿两个，吃完了才可以再拿，你们谁吃得最多将会得到一份奖品。"老师的话刚说完，甲就拿了两个苹果大吃起来，这时乙并没有开始吃，如果两个人吃苹果的速度是一样的，那么，你觉得乙有机会赢得这次比赛吗？

32 难度：★★★☆☆　用时：＿＿＿＿＿

竞选班长

一个班级有 49 人，要选出一名班长、两名副班长。每个人只能投 1 票，可以投给自己。前三名得票最多的人当选。现在有 7 位候选人，不许弃权。请问最少需要获得几票才能确保当选？

33 难度：★★★★☆　用时：＿＿＿＿＿

年龄分别是多少

一个富翁有 3 个女儿，3 个女儿的年龄加起来是 13，乘起来是富翁的年龄，有一个朋友知道富翁的年龄，但仍不能确定富翁女儿的年龄，这时富翁说只有 1 个女儿在上小学，然后这个朋友就知道富翁 3 个女儿的年龄了。请问 3 个女儿的年龄分别是多少？

难度：★★★★☆ 用时：_____

34 到底谁说得对

小王、小李、小张准备去爬山。天气预报说，今天可能下雨。围绕天气预报，三个人争论起来。

小王："今天可能下雨，但也可能不下雨，我们还是去爬山吧。"

小李："今天可能下雨，那就表明今天要下雨，我们还是不去了吧。"

小张："今天可能下雨，只是表明今天不下雨不具有必然性，去不去爬山由你们决定。"

对天气预报的理解，三个人中（　　）。

A. 小王和小张正确，小李不正确
B. 小王正确，小李和小张不正确
C. 小李正确，小王和小张不正确
D. 小张正确，小王和小李不正确
E. 小李和小张正确，小王不正确

35 难度：★★★★☆ 用时：＿＿＿＿＿

硬币覆盖整张桌面

如果在一张已经放了 m 个相同的圆形硬币的桌上（某些硬币可能有彼此重叠的，也可能有伸出桌面的）再放一枚相同的硬币，让它的圆心在桌内，那么它必定会和原先的某些硬币重叠。那么请问：多少个硬币可以完全覆盖整张桌面？

36 难度：★★★★☆ 用时：＿＿＿＿＿

逆否命题

甲、乙、丙三人讨论"不劳动者不得食"这一句话。

甲说："不劳动者不得食，意味着得食者可以不劳动。"

乙说："不劳动者不得食，意味着得食者必须是劳动者。"

丙说："不劳动者不得食，意味着得食者可能是劳动者。"

以下哪项结论是正确的？

A. 甲的意见正确，乙和丙的意见不正确

B. 乙和丙的意见正确，甲的意见不正确

C. 甲和丙的意见正确，乙的意见不正确

D. 乙的意见正确，甲和丙的意见不正确

E. 丙的意见正确，甲和乙的意见不正确

37 一样的水杯

难度：★★★★☆ 用时：_____

办公室给每个人发了一个水杯，在水杯的下面都贴上了名字，但是水杯的样子是一样的，有时难免拿错，一个星期后，甲发现了这个问题，他把所有人的水杯检查了一下，居然发现，他们五个人手中的水杯都是别人的。

甲知道：甲的水杯不是丁的，也不是乙的；乙的水杯不是丁的，也不是丙的；丙的水杯不是戊的，也不是乙的；丁的水杯不是戊的，也不是丙的；戊的水杯不是丁的，也不是甲的。而且，没有互相拿错水杯的情况。

那么，乙的水杯在谁的手中，乙又拿着谁的水杯？

38 如何过桥时间最短

难度：★★★★☆ 用时：_____

有四个女孩子要去参加一次舞会，途中要过一座桥。她们必须在舞会开始前赶到。桥很窄，最多只能让两个人同时过桥，这时是晚上，她们只有一个手电筒，不管是谁过桥，不管是一个人还是两个人，必须都带着手电筒。手电筒必须要传来传去，不能扔过去。每个人过桥的速度不同，两个人的速度必须以较慢的那个人的速度过桥为准。

第1个女孩过桥需要1分钟，第2个女孩过桥需要2分钟，第3个女孩过桥需要5分钟，第4个女孩过桥需要10分钟。

请你设计一个方案，可以让她们过桥的时间最短。

39 难度：★★★★★ 用时：_____

四国语言

　　某宾馆的宴会厅里，有4位朋友正围桌而坐，侃侃而谈。他们用了中、英、法、俄4种语言。现在已知：

　　（1）有一种语言4人中3人都会。

　　（2）没有人既会俄语，又会法语。

　　（3）甲会俄语，丁不会俄语，乙不会英语。

　　（4）甲与丙、丙与丁不能直接交谈，乙和丙可以直接交谈。

　　（5）甲、乙、丙各会两种语言，丁只会一种语言。

　　请问甲、乙、丙、丁各会什么语言？

40 剩几只羊

难度：★★★★★ 用时：_____

在一个牧羊村，有一位牧羊人赶着一群羊通过36个关口，当他每过一个关口，守关人就要拿走当时羊数的一半，然后再退还一只羊，等牧羊人过完这些关口后他只剩2只羊，问：牧羊人原来有多少只羊？

41 特工的难题

难度：★★★★★ 用时：_____

007要破坏敌人的电力系统，当他历尽千辛万苦后进入电力控制室，却发现那里的电脑开关是一排按钮，上面写着："A在B的左边，B是C右边的第三个，C在D的右边，D紧靠着E，E和A中间隔一个按钮。"旁边还有一个警告，告诉他只有按A、B、C、D、E、F的顺序才能开启电脑，如果按错一个，控制室将会关闭，并把他关在里面。

你能帮他找到每个按钮的位置吗？

42 牧童的难题

难度：★★★★★ 用时：_____

一个牧童带着一只羊和两筐青草，需要过一条小河，河里只有一条小船，而且船太小，每次只能带一样东西过去，你能替他想个办法，把三样东西都带过河，又不让羊吃到青草吗？

难度：★★★★★　用时：＿＿＿＿＿＿

爱吹捧的小孩

有 4 个小男孩，在一起互相吹捧。

甲：4 个人中乙最帅。

乙：4 个人中丙最帅。

丙：我不是最帅的。

丁：甲比我帅，丙比甲帅。

已知4个人中只有一个人说假话，请问谁最帅，顺序是怎样的？

难度：★★★★★　用时：＿＿＿＿＿＿

做水的生意

有一个人，想将 240 千克水运往干旱地区赚钱。他每次最多携带 60 千克，并且每前进 1 千米须耗水 1 千克（均匀耗水）。假设水的价格在出发地为 0 元，以后，价格与运输路程成正比，即在 10 千米处为 10 元 1 千克，在 20 千米处为 20 元 1 千克，而他必须安全地返回，请问，他最多可以赚多少钱？

第 2 章

排除法
缩小范围现真相

游玩的问题

有九个人一起去游玩，这九个人中有四个孩子月、艳、山、青，三个成年女性孙、包、李和两个成年男子代、郑。游玩时共有九个座位，但这九个座位分别放在娱乐场的三个不同的位置，三个座位一组互相毗邻。为了保证游玩的质量，九个人必须根据以下条件分为三组：

（1）月不能在孙那一组。

（2）艳必须同包或代同组，或者同时与包、代同组。

（3）性别相同的成年人不能在一组。

请根据上面的条件回答 45 ~ 49 题。

难度：★★★☆☆　用时：＿＿＿＿＿

45 游玩的问题 1

如果孙和代是第一组的两个成员，那么谁将分别在第二组和第三组？

A. 包、李、月；郑、山，青

B. 李、郑、月；包、山、青

C. 包、艳、山；李、月、青

D. 包、月、青；李、郑、艳

E. 月、艳、山；包、郑、青

46 游玩的问题 2

难度：★★★☆☆ 用时：_____

下列哪一个断定一定是对的？

A. 李的那一组只有一个孩子

B. 有一个成年男人跟月同一组

C. 孙和一个成年男人同组

D. 有一个成年妇女跟两个孩子同一组

E. 有一个组没有孩子

47 游玩的问题 3

难度：★★★☆☆ 用时：_____

如果孙是某组的唯一的大人，那么她所在组的其他两个成员必须是（　　）。

A. 月和艳

B. 月和山

C. 艳和山

D. 艳和青

E. 山和青

48 难度：★★★☆☆ 用时：_____

游玩的问题 4

如果李、山和青同一组，那么下列哪些人是另一组成员？

A. 孙、包、郑

B. 孙、代、月

C. 包、郑、月

D. 包、代、月

E. 代、郑、艳

49 难度：★★★☆☆ 用时：_____

游玩的问题 5

下列哪两个人能与月同一组？

A. 孙和山

B. 包和代

C. 包和郑

D. 代和郑

E. 艳和青

难度：★★★☆☆ 用时：_____

50 谁是功臣

皇帝身边有 A、B、C、D、E、F、G、H 8 个保镖。一次，有个杀手谋杀皇帝未遂，逃跑的时候 8 个保镖都开枪了，杀手被其中一个保镖的子弹击中。但不知道是谁击中的。下面是他们的谈话：

A："可能是 H 击中的，或者是 F 击中的。"

B："如果这颗子弹正好击中杀手的头部，那么是我击中的。"

C："我可以断定是 G 击中的。"

D："即使这颗子弹正好击中杀手的头部，也不可能是 B 击中的。"

E："A 猜错了。"

F："不会是我击中的，也不是 H 击中的。"

G："不是 C 击中的。"

H："A 没有猜错。"

事实上，8 个保镖中有 3 个人猜对了。你知道谁击中了杀手吗？

难度：★★★☆☆ 用时：＿＿＿＿＿

51 挑选破案好手

要从代号 A、B、C、D、E、F 六个侦查员中挑选几个人去破案，人选的配备必须符合以下条件：

（1）A、D 不能一起去。

（2）B、C 两人都去或都不去。

（3）A、B 两人中至少去一人。

（4）A、E、F 三人中要派两人去。

（5）C、D 两人中去一人。

（6）若 D 不去，则 E 也不去。

由此可知，挑（　　）去。

A．A、B、F

B．A、B、C、F

C．B、C、E

D．B、C、D、E

52 难度：★★★☆☆ 用时：＿＿＿＿＿

谁是冠军

A、B、C、D、E、F 六人参加一场决赛，赛前三人猜测：

甲：冠军不是 A，就是 B。

乙：冠军是 C 或 D。

丙：D、E、F 绝不可能是冠军。

事后发现他们三个人的猜测只有一个人是正确的，那么谁是冠军？

53 难度：★★★☆☆ 用时：＿＿＿＿＿

打水的问题

假设有一个池塘，里面有无穷多的水。现有 2 个空水壶，容积分别为 5 升和 6 升。问题是如何只用这 2 个水壶从池塘里取得 3 升的水。

难度：★★★☆☆ 用时：＿＿＿＿＿

54 机灵的犯人

有一间牢房，有 3 个犯人关在其中。因为玻璃很厚，所以 3 个人只能互相看见，而不能听到对方说话的声音。有一天，国王想了一个办法，给他们每个人戴上一顶帽子，只让他们知道帽子的颜色不是白的就是黑的，但不知道自己所戴帽子是什么颜色的。在这种情况下，国王宣布两条规定如下：

（1）谁能看到其他两个犯人戴的都是白帽子，就可以释放谁。

（2）谁知道自己所戴的是黑帽子，就释放谁。

其实，国王给他们戴的都是黑帽子。于是 3 个人互相盯着不说话，不久，机灵的 A 认定自己戴的是黑帽子。你能想出他的推理过程吗？

难度：★★★☆☆ 用时：＿＿＿＿＿

55 谁在说真话

甲、乙、丙三人都喜欢对别人说谎话，不过有时候也说真话。这一天，甲指责乙说谎话，乙指责丙说谎话，丙说甲与乙两人都在说谎话。其实，在他们三个人当中，至少有一人说的是真话。请问到底是谁在说真话呢？

难度：★★★☆☆ 用时：＿＿＿＿＿

56 由数字猜生日

王立和张松都想知道老师的生日，老师想考考他们，于是给出了一组数字：

3月4日　3月5日　3月8日
6月4日　6月7日
9月1日　9月5日
12月1日　12月2日　12月8日

同时，老师将自己生日的月份告诉了王立，日期告诉了张松。他们看了看后，王立说："我不知道你也不会知道。"张松说："我原来不知道，但我现在知道了。"王立听后说："我也知道了。"

请问老师的生日是哪一天？他们是怎么知道的？

难度：★★★☆☆ 用时：_____

57 谁是老婆

（1）五位女士分别属于两个年龄档，有三位小于30岁，两位大于30岁。

（2）五位女士的职业有两位是教师，其他三位是秘书。

（3）张和杨属于相同年龄档。

（4）郭和周不属于相同年龄档。

（5）王和周的职业相同。

（6）杨和郭的职业不同。

（7）仇先生的老婆是一位年龄大于30岁的教师。

请问谁是仇先生的老婆？

A．张

B．王

C．杨

D．郭

E．周

身高体重的问题

已知：（1）菁比小文矮。（2）植比草重。（3）波比杰轻。（4）杰比军高。（5）浩比草高。

根据上面的条件回答58～61题。

58 难度：★★★☆☆ 用时：_____

身高体重的问题1

下列哪一条推论是对的？

A. 草至少不比其中三人矮或轻

B. 杰至少比其中一人高和重

C. 如果再加入一个人——云，她比浩高，比菁矮，那么小文比草高

D. 如果附加人员玲比军高，那么她也比杰高

E. 以上均为错

59 难度：★★★☆☆ 用时：_____

身高体重的问题2

如果军比浩高，那么（　　）。

A. 杰比草矮

B. 杰比草高

C. 杰比波矮

D. 杰比波高

E. 植比杰高

60 身高体重的问题 3

难度：★★★☆☆　用时：_____

下列哪一个条件可以保证菁与杰同样高？

A. 草和小文一样高

B. 军和浩一样高，草和小文一样高

C. 军、浩、小文和草几乎一样高

D. 草身高 163cm，小文身高 163cm，军身高也是 163cm

E. 以上没有一条是对的

61 身高体重的问题 4

难度：★★★☆☆　用时：_____

如果草和杰一样重，那么下列哪一组判断是错误的？

A. 植 130 斤，草 125 斤

B. 杰 130 斤，浩 120 斤

C. 波 130 斤，植 125 斤

D. 小文 130 斤，菁 130 斤

E. 军 130 斤，菁 130 斤

62

难度：★★★☆☆ 用时：_____

蒙住双眼的小朋友

6个小朋友围成一圈坐在操场上，另一名小朋友坐在中央，拿出7块头巾，其中4块是红色，3块是黑色。然后蒙住7个人的眼睛，把头巾包在每一个小朋友的头。然后解开周围6个人的眼罩，由于中央的小朋友的阻挡，每个人只能看到5个人头巾的颜色。这时，老师说："你们现在猜一猜自己头上头巾的颜色。"大家思索了好一会儿，最后，坐在中央的被蒙住双眼的小朋友说："我猜到了。"

问：被蒙住双眼坐在中央的小朋友头上是什么颜色的头巾？他是如何猜到的？

63

难度：★★★☆☆ 用时：_____

巧克力和奶糖

凯特、玛丽和简三人去超市，他们每人要的不是巧克力就是奶糖。

（1）如果凯特要的是巧克力，那么玛丽要的就是奶糖；

（2）凯特或简要的是巧克力，但是不会两人都要巧克力；

（3）玛丽和简不会两人都要奶糖。

谁昨天要的是巧克力，今天要的是奶糖？

难度：★★★★☆ 用时：＿＿＿＿＿

小李的住处

　　小李住在工厂和村庄之间的地方。工厂位于村庄和火车站之间的某一处。下面判断正确的是哪一项？

　　A. 工厂与小李住的距离比到火车站近

　　B. 小李住在工厂和火车站之间

　　C. 小李住的地方到工厂的距离比到火车站近

难度：★★★★☆ 用时：_____

65 四对兄弟

下面 8 个人是 4 对兄弟，请你根据下列条件判断哪些人分别是兄弟，甲、乙、丙、丁分别叫什么？

彼得（戴眼镜）："我的兄弟瑞克没留胡子。"

莱克斯（光头）："我的兄弟是伊恩。"

艾伦："我的兄弟是约翰。"

戴夫没有说话。

甲（有胡子）："我的兄弟是红头发"

乙："我的兄弟没戴眼镜。"

丙没有说话。

丁（有胡子）："我是弗瑞德。"

难度：★★★★☆ 用时：_____

66 人均国民生产总值

在一次社会调查中发现，A 市的人均国民生产总值高于 B 市和 C 市，而 D 市的人均国民生产总值比 C 市高又低于 E 市，由此可以推出（   ）。

A．E 市的人均国民生产总值高于 A 市

B．B 市的人均国民生产总值高于 C 市

C．A 市的人均国民生产总值高于 D 市

D．在五个城市的人均国民生产总值中，C 市最多名列第四

67 难度：★★★★☆ 用时：＿＿＿＿＿

哪些人出差了

公司要在代号为甲、乙、丙、丁、戊、己中选人出差，人选的配备要求，必须注意以下各点：

（1）甲、乙两人至少去一个人。

（2）甲、丁不能一起去。

（3）甲、戊、己三人中要派两人去。

（4）乙、丙两人中去一人。

（5）丙、丁两人中去一人。

（6）若丁不去，则戊也不去。

哪些人出差了？

A．甲、乙、丙、己　　B．甲、乙、己

C．乙、丙、丁、戊　　D．乙、丙、戊

68 难度：★★★★☆ 用时：＿＿＿＿＿

明星的年龄

4 个人在议论一位明星的年龄。

甲："她不会超过 25 岁。"

乙："她不超过 30 岁。"

丙："她绝对在 35 岁以上。"

丁："她在 40 岁以下。"

实际上只有一人说对了。

那么下列正确的是哪一项？

A. 甲说得对
B. 她的年龄在 40 岁以上
C. 她的岁数在 35 ~ 40 岁
D. 丁说得对

69 酒商的难题

难度：★★★★☆ 用时：_____

一位酒商有六桶葡萄酒和啤酒，容量分别为 30 升、32 升、36 升、38 升、40 升和 62 升。其中五桶装着葡萄酒，一桶装着啤酒。第一位顾客买走了两桶葡萄酒；第二位顾客所买的葡萄酒则是第一位顾客的两倍。请问，哪一个桶里装着啤酒？

70 难度：★★★★☆ 用时：＿＿＿＿＿

小兔子买外套

小白兔、小黑兔、小灰兔一起上街各买了一件外套。3件外套的颜色分别是白色、黑色、灰色。

回家的路上，一只小兔说："我很久以前就想买白外套，今天终于买到了！"说到这里，她好像是发现了什么，惊喜地对同伴说："今天我们可真有意思，白兔没有买白外套，黑兔没有买黑外套，灰兔没有买灰外套。"

小黑兔说："真是这样的，你要是不说，我还真没有注意这一点呢！"

你能根据他们的对话，猜出小白兔、小黑兔和小灰兔各买了什么颜色的外套吗？

71 难度：★★★★★ 用时：＿＿＿＿＿

前途无量

罗英、张杰、大伟三个是好朋友，一个当了歌手，一个考上大学，一个当了上校，都很有作为。现已知：

（1）大伟的年龄比上校大。

（2）大学生的年龄比张杰小。

（3）罗英的年龄和大学生的年龄不一样。

请问：三个人中谁是歌手，谁是大学生，谁是上校？

72 猜猜今天星期几

A、B、C、D、E、F、G 七人在争论今天是星期几。

A：后天是星期三。

B：不对，今天是星期三。

C：你们都错了，明天是星期三。

D：胡说，今天既不是星期一，也不是星期二，更不是星期三。

E：我确信昨天是星期四。

F：不对！你弄颠倒了，明天是星期四。

G：不管怎样，昨天不是星期六。

他们之中只有 1 个人讲得对，是哪一个？今天到底是星期几？

73 学生们的猜测

在一所学校里，有穿绿、黑、青、白、紫五种不同运动服的五支运动队参加长跑比赛，其中，有 A、B、C、D、E 五位小学生猜比赛者的名次，条件是每个小学生只准猜两支运动队的名次。

学生 A 猜："紫队第二，黑队第三。"

学生 B 猜："青队第二，绿队第四。"

学生 C 猜："绿队第一，白队第五。"

学生 D 猜："青队第三，白队第四。"

学生 E 猜："黑队第二，紫队第五。"

在这五位同学猜完后，发现每人都猜对了一个队的名次，并且每队的名次只有一人猜对，请判断一下，这五位同学各猜对了哪个队的名次？

74　老总的姓氏

难度：★★★★★　用时：＿＿＿＿＿＿

某届"活动奖"评选结束了。A 公司拍摄的《黄河颂》获得最佳故事片奖，B 公司拍摄的《孙悟空》获得最佳武术奖，C 公司拍摄的《白娘子》获得最佳戏剧奖。

这次"活动奖"结束以后，A 公司的老总说："真是很有意思，恰好我们三个老总的姓分别是三部片名的第一个字，但是，我们每个人的姓同自己所拍片子片名的第一个字又不一样。"这时候，另一公司姓孙的老总笑起来说："真是这样的！"

根据以上内容，请推理出这三部片子的老总各自姓什么？

A．A 公司老总姓孙，B 公司老总姓白，C 公司老总姓黄

B．A 公司老总姓白，B 公司老总姓黄，C 公司老总姓孙

C．A 公司老总姓孙，B 公司老总姓黄，C 公司老总姓白

D．A 公司老总姓黄，B 公司老总姓孙，C 公司老总姓白

E．A 公司老总姓黄，B 公司老总姓白，C 公司老总姓孙

75 年龄分别是多少

难度：★★★★★ 用时：_____

A、B、C在一起谈论年龄，他们每人都说三句话，每人其中有两句话是真话，一句话是假话。

A说："我今年才22岁，比B还小两岁，比C大1岁。"

B说："我不是年龄最小的，我和C相差3岁，C25岁了。"

C说："我比A小，B25岁了，B比A大3岁。"

根据以上三句话请判断他们三人的年龄。

76 小黄的职称和性别

难度：★★★★★ 用时：_____

小黄所在的学院，总共有16名教授和助教（包括小黄在内）。但是小黄的职称和性别计算在内与否都不会改变下面的变化：

（1）助教多于教授；

（2）男教授多于男助教；

（3）男助教多于女助教；

（4）至少有一位女教授。

那么，小黄的职称和性别是什么？

提示：确定一种不与题目中任何陈述相违背的关于男助教、女助教、男教授和女教授的人员分布情况。

77 考中名校

赵小丽、张洁、许晓林三人被北京大学、清华大学和北京师范大学录取。但是他们分别被哪个学校录取的，同学们做了如下猜测：

同学甲猜："赵小丽被清华大学录取，许晓林被北京师范大学录取。"

同学乙猜："赵小丽被北京师范大学录取，张洁被清华大学录取。"

同学丙猜："赵小丽被北京大学录取，许晓林被清华大学录取。"

结果同学们各猜测对了一半。

那么，他们的录取情况如何？

第3章

假设法
假戏真做揭谜底

78 农夫与五个儿子

难度：★★★☆☆ 用时：＿＿＿＿＿＿

有个农夫，他的五个儿子都已成家立业，一个灾荒之年，农夫面临断顿，不得不求助于他的儿子们。他不知道哪个儿子有钱，但是他知道，兄弟之间彼此知道底细。且有钱的说的都是假话，没钱的才都说真话。

老大说："老三说过：我的四个兄弟中，恰有一个有钱。"
老二说："老五说过：我的四个兄弟中，恰有两个有钱。"
老三说："老四说过：我们兄弟五个都没钱。"
老四说："老大和老二都有钱。"
老五说："老三有钱，另外老大承认过他有钱。"
你能否帮助农夫分析一下，他的儿子中哪个有钱？

79 猜地名

难度：★★★☆☆ 用时：＿＿＿＿＿＿

对地理非常感兴趣的几个同学聚在一起研究地图。其中的一个同学在地图上标上了标号 A、B、C、D、E，让其他同学说出他所标的地方分别是哪个省。甲说："B 是陕西，E 是甘肃。"乙说："B 是湖北，D 是河南。"丙说："A 是河南，E 是吉林。"丁说："C 是湖北，D 是吉林。"戊说："B 是甘肃，C 是陕西。"这五个人每人只答对了一个省，并且每个编号只有一个人答对。你知道 A、B、C、D、E 分别是哪个省吗？

80

难度：★★★☆☆　用时：＿＿＿＿＿

四人的血型

甲、乙、丙、丁四人的血型各不相同，甲说："我是 A 型。"乙说："我是 O 型。"丙说："我是 AB 型。"丁说："我不是 AB 型。"四个人中只有一个人的话是假的。

以下哪项成立？

A. 无论谁说假话，都能推出四个人的血型情况

B. 乙的话假，可推出四个人的血型情况

C. 丙的话假，可推出四个人的血型情况

D. 丁的话假，可推出四个人的血型情况

81

难度：★★★☆☆　用时：＿＿＿＿＿

谁给理发师刮脸

有一个城市里，只有一个理发师。这个理发师在理发店门前的招牌上写着："城里所有不自己刮脸的男人都由我给他们刮脸，我也只给这些人刮脸。"

那么，谁来给这个理发师刮脸呢？

82 难度：★★★☆☆ 用时：_____

假假真真

A、B、C 三人的名字分别叫真真、假假、真假（不对应），真真只说真话，假假只说假话，而真假有时候说真话有时候说假话。

有一个人遇到了他们，于是问 A："请问，B 叫什么名字？"A 回答说："他叫真真。"

这个人又问 B："你叫真真吗？"B 回答说："不，我叫假假。"

这个人又问 C："B 到底叫什么？"C 回答说："他叫真假。"

请问：你知道 A、B、C 中谁是真真，谁是假假，谁是真假吗？

83 难度：★★★☆☆ 用时：_____

小狗的性别

荣荣和亮亮是兄妹，他们家的狗刚生下四只小狗。他们两个人在讨论小狗的性别情况。

荣荣说："四只小狗每一只都可能是公的，也可能是母的。所以出现的情况可能是四只全都是公的，四只全都是母的，有三只是公的一只是母的，有三只是母的一只是公的，有两只是公的两只是母的。"

亮亮说："它们两公两母的概率是 50%，因为每一只是公是母的概率都是 50%。"

亮亮的说法对吗？如果你认为他是错误的，你能找出反驳的方法吗？

84 谁偷了手表

难度：★★★☆☆ 用时：_____

一家珠宝店新推出的钻石手表被人偷走了。警察根据线索，提审了嫌疑犯甲、乙、丙、丁。他们的供词如下：

甲："我看见表是乙偷的。"

乙："不是我，表是丙偷的。"

丙："乙在撒谎，他是要陷害我。"

丁："表是谁偷的我不知道，反正我没偷。"

经过调查证实，4 个人中只有 1 个人的供词是真话，其余都是假话。请问谁是小偷？

难度：★★★☆☆ 用时：_____

85 安装电话的问题

一个地区正在安装电话线路，由于计划不周，进度比较缓慢。现在知道，该地区的 6 个小镇之间的电话线路还不完备。A 镇同其他 5 个小镇之间都有电话线路；而 B 镇、C 镇却只与其他 4 个小镇有电话线路；D、E、F 三个镇则只同其他 3 个小镇有电话线路。

如果在 A 镇装个电话交换系统，6 个小镇就可以完全实现互相通话。但电话交换系统要半年之后才能建成。在此之前，两个小镇之间必须装上直通线路才能互相通话。现在，我们还知道 D 镇可以打电话到 F 镇。请问，E 镇可以打电话给哪 3 个小镇呢？

86 盗窃案

难度：★★★☆☆ 用时：＿＿＿＿＿

甲、乙、丙、丁四人是仓库的保管员。这天仓库被盗，经过侦查，最后发现这四个保管员都有作案的嫌疑。又经过核实，发现是四人中的两个人作的案。在盗窃案发生的那段时间，找到的可靠的线索有：

（1）甲乙两个中有且只有一个人去过仓库。

（2）乙和丁不会同时去仓库。

（3）丙若去仓库，丁必一同去。

（4）丁若没去仓库，则甲也没去。

那么，你可以判断是哪两个人作的案吗？

87 漂亮的鞋子

难度：★★★☆☆ 用时：＿＿＿＿＿

小丽买了一双漂亮的鞋子，她的同学都没有见过这双鞋子，于是大家就猜，小红说："你买的鞋不会是红色的。"小彩说："你买的鞋子不是黄的就是黑的。"小玲说："你买的鞋子一定是黑色的。"这三个人的看法至少有一种是正确的，至少有一种是错误的。请问，小丽的鞋子到底是什么颜色的？

88 南美洲的部落

难度：★★★☆☆　用时：_____

　　有一个人到南美洲探险，当他来到一片森林时，他彻底迷路了，即使拿着地图，他也不知道该往哪走，因为地图上根本就没有标记出这一地区。无奈，他只好向当地的土著人请求帮助。但是他想起来曾有同事提醒他：这个地区有两个部落，而这两个部落的人说话是相反的，即 A 部落的人说真话，B 部落的人说假话。恰在这时，他遇到了一个懂英语的当地的土著甲，就问他："你是哪个部落的人？"甲回答："A 部落。"于是他相信了他。但在途中，他们又遇到了土著乙，他就请甲去问乙是哪个部落的。甲回来说："他说他是 A 部落的。"忽然间这个人想起来同事的提醒，于是他奇怪了，甲到底是哪个部落的人，A 还是 B？

89 保镖的行事准则

难度：★★★☆☆ 用时：_____

有一富翁，为了确保自己的人身安全，雇了双胞胎兄弟两个做保镖。兄弟两个确实尽职尽责，为了保证主人的安全，他们做出如下行事准则：

（1）每逢星期一、星期二、星期三，哥哥说谎。

（2）每逢星期四、星期五、星期六，弟弟说谎。

（3）其他时间两人都说真话。

一天，富翁的一个朋友急着找富翁，他知道要想找到富翁只能问兄弟俩，并且他也知道兄弟二人的做事准则，但不知道谁是哥哥，谁是弟弟。另外，如果要知道答案，就必须知道今天是星期几。于是他便问其中的一个人："昨天是谁说谎的日子？"结果两人都说："是我说谎的日子。"你能猜出今天是星期几吗？

90 可疑对象的供词

难度：★★★☆☆ 用时：_____

甲、乙和丙三人由于 A 被谋杀而受到传讯。犯罪现场的证据表明，可能有一名律师参与了对 A 的谋杀。这三人中肯定有一人是谋杀者，每一名可疑对象所做的两条供词是：

甲：

（1）我不是律师。

（2）我没有谋杀 A。

乙：

（3）我是个律师。

（4）但是我没有杀害 A。

丙：

（5）我不是律师。

（6）有一个律师杀了 A。

警察最后发现：

（7）上述 6 条供词中只有 2 条是实话。

（8）这三个可以对象中只有一个不是律师。

请问：到底谁是凶手？

难度：★★★☆☆　用时：_____

91 玲玲和芳芳的成绩

　　玲玲和芳芳经常在一起玩，有一次，有人问她们："你们俩经常在一起玩，这次期末考试你们谁的成绩好呀？"玲玲说："我的成绩比较好一点。"芳芳说："我的成绩比较差一些。"她们这两个人之中至少有一个人没有说实话。那么，到底她们谁的考试成绩好？

92

难度：★★★☆☆ 用时：＿＿＿＿

买菜的零钱

上午，妈妈上街买菜回来后，就随手把手里的一些零钱放在了抽屉里，可是，等妈妈下午再去拿钱买东西的时候发现抽屉里的零钱没有了。于是，她就把三个孩子叫来，问他们是不是拿了抽屉里的零钱，甲说："我拿了，中午去买零食了。"乙说："我看到甲拿了。"丙说："总之，我与乙都没有拿。"这三个人中有一个人在说谎，那么到底谁在说谎？谁把零钱拿走了（可以不只是一个孩子）？

93 发水果

难度：★★★☆☆ 用时：_____

老师让幼儿园的小朋友排成一行，然后开始发水果。老师分发水果的方法是这样的：从左面第一个人开始，每隔 2 人发一个梨；从右边第一个人开始，每隔 4 人发一个苹果。如果分发后的结果有 10 个小朋友既得到了梨，又得到了苹果，那么这个幼儿园有多少个小朋友？

94 五把雨伞

难度：★★★☆☆ 用时：_____

一天，甲、乙、丙、丁、戊 5 个人参加一个聚会。由于下雨，5 个人各带了一把伞。聚会结束时，由于走得匆忙，大家到了家以后才发现，自己拿的并不是自己的伞。

现在已知：

（1）甲拿走的伞不是乙的，也不是丁的。

（2）乙拿走的伞不是丙的，也不是丁的。

（3）丙拿走的伞不是乙的，也不是戊的。

（4）丁拿走的伞不是丙的，也不是戊的。

（5）戊拿走的伞不是甲的，也不是丁的。

另外，还发现，没有两个人相互拿错了伞。请问：这5个人拿走的雨伞分别是谁的？

难度：★★★☆☆ 用时：＿＿＿＿＿

95 谁是金奖

在评奖会上，A，B，C，D，E，F，G，H竞争一项金奖。由一个专家小组投票，票数最多的将获金奖。

如果A的票数多于B，并且C的票数多于D，那么E将获得金奖。

如果B的票数多于A，或者F的票数多于G，那么H将获得金奖。

如果D的票数多于C，那么F将获得金奖。

如果上述断定都是真的，并且事实上C的票数多于D，并且E没有获得金奖，以下哪项一定是真的？

A. H获奖

B. F的票数多于G

C. A的票数不比B多

D. B的票数不比F多

难度：★★★★☆ 用时：_____

96 聪明的警察

甲、乙、丙三人在路上走，捡到了一块手表，就交给了警察。警察问他们三人，谁最先发现了手表。

甲说："不是我，也不是乙。"

乙说："不是我，也不是丙。"

丙说："不是我，我也不知道是谁最先发现的。"

3个人又告诉警察，他们每个人说的两句话中，都有一句真话，一句假话。聪明的警察很快就判断出手表是谁最先发现的了。

你知道是谁吗？

97 三对夫妻

难度：★★★★☆ 用时：＿＿＿＿

有 3 个男青年 A、B、C，即将与甲、乙、丙三位姑娘结婚。有人想知道他们谁和谁是一对，于是前去打听。

他先问 A，A 说他要娶的是甲姑娘；他又去问甲，甲说她将嫁给 C；再去问 C，他说他要娶的是丙。这可把这个人弄糊涂了，原来 3 个人都没有说真话，你能推理出谁和谁将要结婚吗？

98 扑克游戏规则

难度：★★★★☆ 用时：＿＿＿＿

杰克夫妇请了汤姆夫妇和亨利夫妇来他们家玩扑克。这种扑克游戏有一种规则，夫妇两个不能一组。已知杰克跟莉莉一组，汤姆的队友是亨利的妻子，琳达的丈夫和萨拉一组。那么这三对夫妇分别为：

A. 杰克—萨拉，汤姆—琳达，亨利—莉莉

B. 杰克—萨拉，汤姆—莉莉，亨利—琳达

C. 杰克—琳达，汤姆—莉莉，亨利—萨拉

D. 杰克—莉莉，汤姆—萨拉，亨利—琳达

难度：★★★★☆ 用时：＿＿＿＿＿

99 四个女儿的回答

妈妈外出，回来时发现杯子被打碎了一只。她就问 4 个女儿，得到以下答案：

A："不是我打碎的。"

B："是我打碎的。"

C："A 没打碎杯子。"

D："B 没打碎杯子。"

打碎杯子的人就是 4 个女儿当中的一人，而且打碎杯子的人一定会说谎，没有打碎的有可能说实话，也有可能说假话。那么杯子到底是谁打碎的呢？

难度：★★★★☆ 用时：＿＿＿＿＿

100 为什么小张是 A 队的

有一天，学生在做游戏，A 队只准说真话，B 队只准说假话；A 队在讲台西边，B 队在讲台东边。这时，从 A、B 两队中选出的一个人——小张，然后叫讲台下的一个学生上来判断一下，看他是哪个队的。这个学生从 A 或 B 队中任意抽出了一个队员去问小张是在讲台的西边还是东边。这个队员回来说，小张说他在讲台西边。这个学生马上判断出来小张是 A 队的，为什么？

101 村子里的病狗

难度：★★★★☆ 用时：＿＿＿＿＿

一个村子里一共有 50 户人家，每家每户都养了一条狗。村长说村里面有病狗，然后就让每户人家都可以查看其他人家的狗是不是病狗，但是不准检查自己家的狗是不是病狗。这些人如果推断出自家的狗是病狗的话，就必须自己把自家的狗枪毙了，但是每个人在看到别人家的狗是病狗的时候不准告诉别人，也没有权利枪毙别人家的狗，只有权利枪毙自家的狗。然后，第一天没有听到枪声，第二天也没有，第三天却传来了一阵枪声。

请问：这个村子里一共有几条病狗，请说明理由？

102 谁是说假话的小偷

难度：★★★★☆ 用时：＿＿＿＿＿

山田警员正在查询 3 个可疑人物。这 3 个人中有一个是小偷，讲的全是假话，有一个是从犯，讲起话来真真假假，还有一个是好人，讲的都是真话。

查询中问及职业，得到如下回答：

甲："我是推销员，乙是司机，丙是广告设计师。"

乙："我是医生，丙是百货公司业务员，甲呀，你要问他，他肯定说他是推销员。"

丙："我是百货公司业务员，甲是广告设计师，乙是司机。"

请问，谁是说假话的小偷？

103 足球世界杯

难度：★★★★☆ 用时：＿＿＿＿＿＿＿

电视上正在进行足球世界杯决赛的实况转播，参加决赛的国家有美国、德国、巴西、西班牙、英国、法国六个国家。李锋、韩克、张乐对谁会获得此次世界杯的冠军进行了一番讨论：韩克认为，冠军不是美国就是德国；张乐坚定地认为冠军绝不会是巴西；李锋则认为，西班牙和法国都不可能取得冠军。比赛结束后，三人发现他们中只有一个人的看法是错的。那么哪个国家获得了冠军？

104 凶手是谁

难度：★★★★☆ 用时：＿＿＿＿＿＿＿

当四个男人在一家饭店里围坐着一张正方形桌子用餐而多伊尔突然中毒身亡的时候，康纳、加森和布伦这三人的妻子也目击了这一幕。对于警察的讯问，每个女人各作了如下的两条供词，但提到这三名怀疑对象时，都不用姓而仅用名字：

雷的妻子：

（1）雷坐在西德的旁边。

（2）不是西德就是特德坐在雷的右侧。

西德的妻子：

（3）西德坐在特德的旁边。

（4）不是雷就是特德坐在多伊尔的右侧，西德不可能毒死多伊尔。

特德的妻子：

（5）特德坐在多伊尔的旁边。

（6）如果我们当中只有一个人说谎，那她就是凶手的妻子。

警探与当时的侍者进行了交谈之后，知道她们当中只有一个人说谎。那么谁是凶手？

难度：★★★★★　用时：_____

105 偷奶酪的老鼠

　　有四只小老鼠一块出去偷食物（它们都偷食物了），回来时族长问它们都偷了什么食物。老鼠Ａ说："我们都偷了奶酪。"老鼠Ｂ说："我只偷了一颗樱桃。"老鼠Ｃ说："我没偷奶酪。"老鼠Ｄ说："有些老鼠没偷奶酪。"族长仔细观察了一下，发现它们当中只有一只老鼠说了真话。那么下列的评论正确的是：

　　A. 所有老鼠都偷了奶酪

　　B. 所有的老鼠都没有偷奶酪

　　C. 有些老鼠没偷奶酪

　　D. 老鼠Ｂ偷了一颗樱桃

難度：★★★★★　用时：＿＿＿＿＿

106 兄弟俩分桃子

妈妈要把 72 个桃子分给兄弟两人，她的分法是这样的：

（1）第一堆的 2/3 与第二堆的 5/9 分给了哥哥。

（2）两堆桃子余下的共 29 个桃子分给了弟弟。

那么，这两堆桃子分别有多少个呢？

107 投宿的客人

难度：★★★★★ 用时：_____

有一个外地人路过一个小镇，此时天色已晚，于是他便去投宿。当他来到一个十字路口时，他知道肯定有一条路是通向宾馆的，可是路口却没有任何标记，只有三个小木牌分别通向三条路。

第一个木牌上写着：这条路上有宾馆。

第二个木牌上写着：这条路上没有宾馆。

第三个木牌上写着：那两个木牌有一个写的是事实，另一个是假的。相信我，我的话不会有错。

假设你是这个投宿的人，按照第三个木牌的话为依据，你觉得你会找到宾馆吗？如果可以，哪条路上有宾馆？

108 三人小聚

难度：★★★★★ 用时：_____

三人小聚，各自说了一句话：

张三："李四说谎。"

李四："王五说谎。"

王五："张三、李四都说谎。"

问：谁说谎，谁没说谎？

109 星期几

难度：★★★★★ 用时：＿＿＿＿＿

某地有两个村庄，A 村庄的人在每周的星期一、星期三、星期五说谎，B 村庄的人在每周的星期二、星期四、星期六说谎，在其他日子他们都说实话。一天，外地的王刚来到这里，见到两个人，分别向他们提出日期的问题。两个人都说："前天是我说谎的日子。"

如果此两人分别来自 A、B 两村庄，那么最可能为真的是：

A. 这一天是星期日

B. 这一天是星期三

C. 这一天是星期四

D. 这一天是星期一

110 谁是哥哥

难度：★★★★★ 用时：＿＿＿＿＿

有兄弟二人，哥哥上午说实话，下午说谎话；弟弟正好相反。有一个人问这兄弟二人："你们谁是哥哥？"较胖的说："我是哥哥。"较瘦的也说："我是哥哥。"那个人又问："现在几点了？"较胖的说："快到中午了。"较瘦的说："已经过中午了。"

请问：现在是上午还是下午，谁是哥哥？

难度：★★★★★　用时：＿＿＿＿＿

111 判断凶手

小华的妹妹是小荣和小红；他的女友叫小丽。小丽的哥哥是小刚和小温。他们的职业分别是：

小华：医生

小刚：医生

小荣：医生

小温：律师

小红：律师

小丽：律师

这6人中有一个人被杀了，而凶手就在其中。

（1）假如这个凶手和受害者有血缘关系，那么说明凶手是男性。

（2）假如这个凶手和受害者没有血缘关系，那么说明凶手是个医生。

（3）假如这个凶手和受害者的职业一样，那么说明受害者是男性。

（4）假如这个凶手和受害者的职业不一样，那么说明受害者是女性。

（5）假如这个凶手和受害者的性别一样，那么说明凶手是个律师。

（6）假如这个凶手和受害者的性别不一样，那么说明受害者是个医生。

根据上面的条件，请问凶手是谁？

难度：★★★★★ 用时：_____

112 来自哪里

一所外国语大学里聚集了来自不同国家的学生。戴维、毕尔、杰克三个人一个是法国人，一个是日本人，一个是美国人。

现已知：

（1）戴维不喜欢面条，杰克不喜欢汉堡包。

（2）喜欢面条的不是法国人。

（3）喜欢汉堡包的是日本人。

（4）毕尔不是美国人。

请问这 3 名学生分别来自哪个国家？

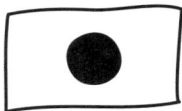

113 地理考试

难度：★★★★★ 用时：_____

在一次地理考试结束后，有五个同学看了看彼此五个选择题的答案，其中：

同学甲：第三题是 A，第二题是 C。

同学乙：第四题是 D，第二题是 E。

同学丙：第一题是 D，第五题是 B。

同学丁：第四题是 B，第三题是 E。

同学戊：第二题是 A，第五题是 C。

结果他们各答对了一个答案。根据这个条件猜猜哪个选项正确？

a. 第一题是 D，第二题是 A

b. 第二题是 E，第三题是 B

c. 第三题是 A，第四题是 B

d. 第四题是 C，第五题是 B

114 逃跑事件

难度：★★★★★ 用时：_____

某城市发生了一起汽车撞人逃跑事件，该城市只有两种颜色的车，蓝 15%，绿 85%，事发时有一个人在现场看见了，他指证是蓝车，但是根据专家在现场的分析，当时那种条件能看正确的可能性是 80%。那么，肇事的车是蓝车的概率到底是多少？

难度：★★★★★ 　用时：_____

115 预言未来

甲、乙、丙、丁四个少女正在接受训练，以便将来能当上预言家。一天她们四人在练习讲预言。

甲说："乙不会成为政治家的。"乙说："丙将成为一名出色的预言家。"丙说："我会成为预言家，而丁不会成为作家的。"丁说："我会成为一名音乐家。"

在以后的岁月里，事实证明她们中只有一个人的预言是正确的，而且这个人成了预言家，其他三人一个是政治家，一个是作家，一个是音乐家。那么，她们四个人各自当了什么？

难度：★★★★★　用时：＿＿＿＿＿

116 思维能力测试

　　某企业老板在对其员工的思维能力进行测试时出了这样一道题：某大型企业的员工人数在 1700 ～ 1800，这些员工的人数如果被 5 除余 3，如果被 7 除余 4，如果被 11 除余 6。那么，这个企业到底有多少员工？员工小王略想了一下便说出了答案，请问他是怎么算出来的？

第 4 章

类比法
由此及彼巧推理

117
难度：★★★☆☆ 用时：_____
对应关系1

如果南京对应金陵，那么以下哪个与其对应关系相同？

A. 昆明：春城　　B. 广州：穗

C. 太原：晋　　　D. 北京：蓟

118
难度：★★★☆☆ 用时：_____
对应关系2

如果金刚石对应石墨，那么以下哪个与其对应关系相同？

A. 氧气：氮气　　B. 生石灰：熟石灰

C. 红磷：白磷　　D. 二氧化碳：干冰

119
难度：★★★☆☆ 用时：_____
对应关系3

如果人生对应童年，那么以下哪组的对应关系与此相同？

A. 蛾对应蛹　　　B. 足球赛对应决赛

C. 太阳对应日出　　D. 故事对应情节

难度：★★★☆☆　用时：_____

120 对应关系 4

如果工匠对应钟表，那么以下哪个与其对应关系相同？

A. 飞鸟：飞机 　　　B. 上帝：世界

C. 建筑工人：楼房 　D. 蜜蜂：蜂巢

难度：★★★☆☆　用时：_____

121 对应关系 5

如果窑对应陶瓷，那么以下哪个与其对应关系相同？

A. 学校对应学生 　　B. 烤箱对应面包

C. 砖场对应砖 　　　D. 整数对应自然数

122

难度：★★★☆☆　用时：＿＿＿＿＿

对应关系6

陈白露对应曹禺（　　）。

A. 白居易对应李商隐 　　　　B. 曹七巧对应冰心

C. 樊家树对应张恨水 　　　　D. 林徽因对应陆小曼

123

难度：★★★☆☆　用时：＿＿＿＿＿

哪一个类比最恰当

四个答案中哪一个是最好的类比？水对于龙头相当于电对于（　　）。

A. 光线　　B. 开关　　C. 电话　　D. 电线

124

难度：★★★☆☆　用时：＿＿＿＿＿

类比推理

美丽：漂亮　（　　）。

A. 痛苦：厌恶　　B. 反对：反感

C. 鼓励：打击　　D. 高兴：快乐

125

难度：★★★☆☆　用时：＿＿＿＿＿

找不同

谁与众不同：锯、牙刷、梳子、钳子、叉子这 5 种物品中，有哪一种与其他 4 种物品不一样？

126

难度：★★★☆☆　用时：＿＿＿＿＿

找逻辑最为贴近的词 1

恋爱：结婚　（　）

A. 打架：斗殴

B. 骄傲：落后

C. 狂风：细雨

D. 祖国：大地

127

难度：★★★☆☆　用时：＿＿＿＿＿

找逻辑最为贴近的词 2

电池：石墨　（　）

A. 瓷砖：玻璃

B. 收音机：二极管

C. 实验室：温度计

D. 衣服：洗衣粉

128 找逻辑最为贴近的词 3

难度：★★★☆☆ 用时：＿＿＿＿＿

旗帜：天空 （ ）

A. 书本：页码　B. 字符：音节

C. 棋子：棋盘　D. 同事：同志

129 找逻辑最为贴近的词 4

难度：★★★☆☆ 用时：＿＿＿＿＿

声音：耳朵 （ ）

A. 皮鞋：脚　　B. 香烟：烟灰

C. 土豆：地瓜　D. 明天：今天

130 找逻辑最为贴近的词 5

难度：★★★☆☆ 用时：＿＿＿＿＿

景区：游客 （ ）

A. 楼房：住户　B. 电话：钥匙

C. 新浪：搜狐　D. 电脑：光盘

131 难度：★★★☆☆ 用时：_____

找逻辑最为贴近的词 6

数字化部队：信息化部队 （ ）

A. 钢笔：书本　　B. 《魔戒》：《指环王》

C. 书包：手提袋　D. 水桶：脸盆

132 难度：★★★☆☆ 用时：_____

找逻辑最为贴近的词 7

教师：学生 （ ）

A. 军官：士兵　　　　B. 医生：护士

C. 董事长：总经理　　D. 飞行员：空中小姐

133 找逻辑最为贴近的词 8

难度：★★★☆☆ 用时：_____

王实甫：西厢记 　　（　）

A. 朱熹：大学章句

B. 范进：儒林外史

C. 方鸿渐：围城

D. 曹禺：家

134 找逻辑最为贴近的词 9

难度：★★★☆☆ 用时：_____

雨伞：挡雨 　　（　）

A. 火机：打火　　B. 书本：录用

C. 志气：有用　　D. 革命：同志

135 找逻辑最为贴近的词 10

难度：★★★☆☆ 用时：_____

鲁迅：呐喊 　　（　）

A. 李白：长恨歌　　B. 诸葛亮：三国演义

C. 余华：活着　　D. 郭沫若：管锥编

难度：★★★☆☆ 用时：＿＿＿＿

136 哪个判断正确

我住在农场和城市之间的地方，农场位于城市和机场之间，下面哪个判断是正确的？

A. 农场到我住处的距离比到机场要近

B. 我住在农场和机场之间

C. 我的住处到农场的距离比到机场要近

难度：★★★☆☆ 用时：＿＿＿＿

137 纸张与毛衣

（　　）对于纸张相当于毛衣对于（　　）

A. 书本——毛线　　B. 文章——商标

C. 涂改液——火炉　D. 笔——桌子

难度：★★★☆☆ 用时：＿＿＿＿

138 《三国演义》与宋江

（　　）对于《三国演义》相当于宋江对于（　　）

A. 刘备——《荡寇志》　　　　B. 刘唐——《水浒传》

C. 刘邦——《三遂平妖传》　　D. 刘秀——《儿女英雄传》

139

难度：★★★☆☆ 用时：＿＿＿＿＿

钟表与发动机

（　　）对于钟表相当于发动机对于（　　）。

A. 表盘——齿轮　　B. 时针——汽车

C. 时间——路程　　D. 房间——汽车

140

难度：★★★☆☆ 用时：＿＿＿＿＿

同一颜色的果冻

　　你有一桶果冻，其中有黄色、绿色、红色三种，闭上眼睛抓取。至少抓取多少个就可以确定你手上肯定有至少两个同一颜色的果冻？

难度：★★★★☆ 用时：_____

141 时速问题

（1）任何在高速公路上运行的车辆的时速必须超过 60 千米。

（2）自行车的时速不超过 20 千米。

（3）小张的汽车只有在双日才被允许驾驶在高速公路上。

（4）今天是 6 月 8 日。

如果上述断定都是真的，下面各项中哪一项断定也一定是真的？

A. 自行车在高速公路上不允许行驶

B. 今天小张的汽车仍然有不被允许在高速公路上行驶的可能

C. 如果小张的汽车的时速超过 60 千米，那么当日一定是逢双日

难度：★★★★☆ 用时：_____

142 由此可知

比重比水小的东西会浮在水面上，比重比水大的东西会沉入水底。木头与铁块绑在一起后沉到了水底，由此可知（　　）。

A. 木头与铁块的比重都比水大

B. 木头与铁块的平均密度比水大

C. 木头的比重比水小

D. 铁的比重比水大

143

难度：★★★★☆　用时：_____

错误的类比

所有的读书人都有熬夜的习惯，张良经常熬夜，所以张良一定是读书人。以下哪项充分揭示了上述推理形式的错误？

A. 所有的聪明人都是近视眼，小李近视得很厉害，所以小李很聪明

B. 所有的羊都是四条腿，现在有一只动物有八条腿，所以它不是羊

C. 所有的素数都是自然数，91 是自然数，所以 91 是素数

D. 所有的聪明人都是近视眼，而我的视力相当的好，所以我是个笨蛋

144

难度：★★★★☆　用时：_____

哪个推论正确

前进不见得死得光荣，但是后退没死也不见得是耻辱，所以（　　）。

A. 后退意为死得光荣

B. 前进可意为不死就是耻辱

C. 前进可意为死得光荣

D. 以上皆非

145

误解了

教授："在长子继承权的原则下，男人的第一个妻子生下的第一个男性婴儿总是首先有继承家庭财产的权利。"

学生："那不正确。小红是其父和唯一的妻子所生的唯一的女儿，她继承了所有的遗产。"

学生误解了教授的意思，他理解为（　　）。

A. 男人可以是孩子的父亲

B. 女儿不能算第一个出生的孩子

C. 只有儿子才能继承财产

D. 私生子不能继承财产

146

空气的重量

空气是有重量的，但又是无形的，如何使用简单的方法知道空气的重量？

难度：★★★★★　用时：_____

机智的阿凡提

　　有一天，国王把阿凡提叫到皇宫里，想出点难题考考他。国王问道："你知道王宫前面的水池里共有几桶水吗？"当时大臣们一想，这个问题很不好回答，暗暗替阿凡提担心，但阿凡提眨眨眼睛，很快说出了一个让国王满意的答案。

　　你知道阿凡提是怎么回答的吗？

148 找与其他三个不同的一项

难度：★★★★★ 用时：_____

下列四个题目中与其他三个不同的一项是（　　）。

A. 某人有非法收入，如果都是合法的，那他就能说出自己所有收入的来源，问题是他说不出这些收入的来源

B. 看风水的先生对别人总是指南指北指西东，假如真有龙虎地，为何自己没有发达

C. 规划不能以自己的喜好而定，依法通过的规划本身具有法的效力，不容忽视

D. 古迹还是有用的，如果没有，早就拆除了

149 红花紫花

难度：★★★★★ 用时：_____

甲盒中放有 M 朵红花和 N 朵紫花，乙盒中放有足够的紫花。现每次从甲盒中任取 2 朵花放在外面。当被取出的 2 朵花同色时，需再从乙盒中取一朵紫花放回甲盒；当取出的 2 花异色时，将取出的红花再放回甲盒。最后，甲盒中只剩两朵花，问剩下一红一紫的概率有多大？

150

难度：★★★★★　用时：＿＿＿＿＿＿

无害通过

无害通过的定义：外国船只在不损害其沿海国和平安宁与正常秩序的条件下，无须事先通知或征得沿海国许可而可以连续不断地通过其领海的权利。

以下属于无害通过的是（　　）。

A．意大利一船只除航行外不做任何事情而连续不断地从中国长江驶向朝鲜，事先未经中国同意

B．日本一船只在从孟买驶出的过程中，向印度人民播放广播，引起印度人民反感

C．日本一船只从横滨驶出时，为方便船员观看日本近海景色，而停泊下锚，之后才继续航行。

D．中国的某船连续不断驶过琼州海峡，未经政府同意，也未做任何不利于沿岸地之事

分析法

条分缕析勤归纳

难度：★★★☆☆　用时：＿＿＿＿＿＿

151

赌徒的骗局

　　街上有人摆了一个小赌局，摆赌局的人面前放着三个小茶碗。他对观众说："我要把一个玻璃球放在这三个小碗中，然后你可以猜测它可能在哪个茶碗中，如果你猜对了，我就给你 10 元钱，如果你猜错了，就要给我 5 元钱。"

　　有个观众同意了，他玩了一会儿，输了一些钱后，这时他计算了一下，发现自己猜对的概率只有三分之一。所以他不想玩了。

　　这时那个摆赌局的人说："这样吧，我们现在开始用新的方式猜测，在你选择一个茶碗后，我会翻开另外一个空碗，这样，有玻璃球的碗肯定在剩下的两个碗中，这样你猜对的概率就大了一些。"

　　这位观众听后一想，觉得这样赢的概率就大多了，于是他继续赌下去，可怜的他很快就把钱输光了。你知道这是怎么一回事吗？

难度：★★★☆☆　用时：＿＿＿＿＿＿

152

多少人参加了旅游

　　在一个旅游团中，大家戴的不是红帽子就是白帽子，在戴红帽子的人看来，戴红帽子和白帽子的人一样多。在戴白帽子的人看来，戴红帽子的人是戴白帽子的人的 2 倍，那么共有多少人参加了旅游团？

153 硬币盖住桌面

难度：★★★☆☆ 用时：＿＿＿＿＿

有一个直径是 1 米的圆形桌面，现在给你很多直径是 1 厘米的硬币，请问你至少要铺几层才能使硬币完全盖住桌面？

154 错误推理

难度：★★★☆☆　用时：＿＿＿＿＿

韩国人爱吃酸菜，翠花爱吃酸菜，所以，翠花是韩国人。

以下哪个选项最明确地显示了上述推理的荒谬？

A. 所有的克里特岛人都说谎，约翰是克里特岛人，所以约翰说谎

B. 会走路的动物都有腿，桌子有腿，所以，桌子是会走路的动物

C. 西村爱翠花，翠花爱吃酸菜，所以，西村爱吃酸菜

D. 所有金子都闪光，所以，有些闪光的东西是金子

155 同一房间的四个人

难度：★★★☆☆　用时：＿＿＿＿＿

住在某个旅馆的同一房间的四个人 A、B、C、D 正在听一组流行音乐，她们当中一个人在修指甲，一个人在写信，一个人躺在床上，另一个人在看书。

（1）A 不在修指甲，也不在看书。

（2）B 不躺在床上，也不在修指甲。

（3）如果 A 不躺在床上，那么 D 不在修指甲。

（4）C 既不在看书，也不在修指甲。

（5）D 不在看书，也不躺在床上。

那么，她们各自在做什么呢？

156

难度：★★★☆☆ 用时：_____

演奏古典音乐

水平高的音乐家演奏古典音乐，要成为水平高的音乐家就得练习演奏。所以，演奏古典音乐比演奏爵士乐需要更多的练习时间。这个推理正确吗？

157

难度：★★★☆☆ 用时：_____

工程师、部门经理和艺术家

徐先生、赵先生和李先生是邻居，他们分别是工程师、部门经理和艺术家。三个人中，艺术家是独生子女，他的工资最少；李先生是徐先生妹妹的男朋友，他挣的钱比部门经理挣得多。

据此，你可以判断三个人分别是什么职务吗？

难度：★★★☆☆　用时：_____

158 十桶零件

有 10 个同样大小的桶，里面装了零件，每桶里有 10 个，共 100 个零件。其中有 9 桶每个零件的重量都是 1 克，只有一个桶里每个零件的重量都是 0.9 克，因为重量差别比较小，所以光靠感觉不能分辨出哪个桶里装的是 0.9 克的零件。

现在有一架普通的台秤，你能只称一次，就把那一桶不同的零件找出来吗？

159 难度：★★★☆☆　用时：＿＿＿＿＿＿

骑自行车上学的学生

所有骑自行车上学的学生都在学校吃午餐，结论是有的住在郊区的学生不骑自行车上学，中间的前提是什么？

160 难度：★★★☆☆　用时：＿＿＿＿＿＿

找不同

在字母 A、Z、M、S、F、X、Y、U 中，如果让你选择出一个与其他不同的，你会选择哪个？如果让你选择三个呢？

161 难度：★★★☆☆　用时：＿＿＿＿＿＿

银行保险柜被撬

某银行保险柜被撬，巨额现金和证券失窃，警察局经过侦破，拘捕了三名重大的嫌疑犯：施辛格、赖普顿和安杰士。通过审讯，查明了以下的事实：

（1）保险柜是用专门的作案工具撬开的，使用这种工具必须受过专门的训练。

（2）如果施辛格作案，那么安杰士作案。

（3）赖普顿没有受过使用作案工具的专门训练。

（4）罪犯就是这三个人的一个或一伙。

以下的结论，哪个是正确的？

A. 施辛格是罪犯，赖普顿和安杰士情况不明

B. 施辛格和赖普顿是罪犯，安杰士情况不明

C. 安杰士是罪犯，施辛格和赖普顿情况不明

D. 赖普顿是罪犯，施辛格和安杰士情况不明

E. 施辛格、赖普顿和安杰士都是罪犯

162 难度：★★★☆☆ 用时：＿＿＿＿＿＿

一起盗窃案件

在处理一起盗窃案件的时候，警官逮捕了六名嫌疑犯。这六个人竭力为自己争辩，于是警官又进一步集体审讯了他们。这次，他们分别提出了如下的说法：

甲说："六个人当中有一个人说谎。"

乙说："六个人当中有两个人说谎。"

丙说："六个人当中有三个人说谎。"

丁说："六个人当中有四个人说谎。"

戊说："六个人当中有五个人说谎。"

己说："六个人都说了谎。"

如果只能释放说真话的人，那么该释放哪几个人呢？

163

难度：★★★☆☆ 用时：＿＿＿＿＿

红眼睛和蓝眼睛

有一个古老的村子，这个村子的人分两种，红眼睛和蓝眼睛，这两种人并没有什么不同，小孩在没生出来之前，没人知道他是什么颜色的眼睛，这个村子中间有一个广场，是村民们聚集的地方，现在这个村子只有三个人，分住三处。

在这个村子，有一个规定，就是如果一个人能知道自己眼睛的颜色，他就可以离开村子到外面去闯荡，这是村里每个人的梦想。这三个人不能够用语言告诉对方眼睛的颜色，也不能用任何方式提示对方的眼睛是什么颜色，而且也不能用镜子、水等一切有反光的物质来看到自己眼睛的颜色，当然，他们不是瞎子，他们能看到对方的眼睛，但就是不能告诉他！他们只能用思想来思考，于是他们每天就一大早来到广场上，面对面地傻坐着，想自己眼睛的颜色，一天天过去，一点进展也没有。

直到有一天，来了一个外地人，他到广场上说了一句话，改变了他们的命运，他说，你们之中至少有一个人的眼睛是红色的。说完就走了。这三个人听了之后，又面对面地坐到晚上才回去睡觉，第二天，他们又来到广场，又坐了一天。当天晚上，就有两个人离开了村子！第三天，当最后一个人来到广场，看到那两个人没来，知道他们离开了，于是他回去，当天晚上，也离开了村子！

根据以上，请说出三个人的眼睛的颜色，并能够说出推理过程。

难度：★★★☆☆　用时：_____

164 正方体的六个面

一个正方体的六个面，每个面的颜色各不相同，并且只能是红、黄、绿、蓝、黑、白这6种颜色。如果满足：

（1）红色的对面是黑色。

（2）蓝色和白色相邻。

（3）黄色和蓝色相邻。

那么下列结论错误的是：

A.　红色与蓝色相邻

B.　蓝色的对面是绿色

C.　黄色与白色相邻

D.　黑色与绿色相邻

165

难度：★★★☆☆ 用时：_____

第十三号大街

史密斯住在第十三号大街，这条大街上的房子的编号是从 13 号到 1300 号。琼斯想知道史密斯所住的房子的号码。

琼斯问道：它小于 500 吗？史密斯作了答复，但他讲了谎话。

琼斯问道：它是个平方数吗？史密斯作了答复，但没有说真话。

琼斯问道：它是个立方数吗？史密斯回答了并讲了真话。

琼斯说道：如果我知道第二位数是否是 1，我就能告诉你那所房子的号码。

史密斯告诉了他第二位数是否是 1，琼斯也讲了他所认为的号码。

166

难度：★★★☆☆ 用时：_____

苹果和梨

妈妈买了 12 个苹果，1 个梨。然后妈妈把这 13 个水果围成一圈，并对小红说："你可以吃这些水果，但有一个规则，那就是你必须按着一个方向每数到 3，就把这个水果吃掉，然后再继续数，再数到 13，并把它吃掉。如此类推，但是你只能把梨放在最后吃。你能做到吗？"

如果你是小红，你应该从哪个水果开始数起呢？

167 多少瓶汽水

难度：★★★☆☆　用时：_____

1元钱一瓶汽水，喝完后两个空瓶换一瓶汽水，问：你有20元钱，最多可以喝到几瓶汽水？

168 不同的三位少女

难度：★★★☆☆　用时：_____

有三位少女，她们分别是天使、恶魔和人类的化身。天使只说真话，恶魔只说谎话，人类可能说真话，也可能说谎话。

穿黑色洋装的少女说："我不是天使。"

穿蓝色洋装的少女说："我不是人类。"

穿白色洋装的少女说："我不是恶魔。"

那么，究竟谁是天使，谁是人类，谁是恶魔呢？

难度：★★★☆☆ 用时：＿＿＿＿＿

169 **琼斯教授的奖章**

琼斯教授在 W 学院开设"思维学"课程，在每次课程结束时，他总要把一枚奖章奖给最优秀的学生。然而，有一年，珍妮、凯瑟琳、汤姆三个学生并列成为最优秀的学生。

琼斯教授打算用一次测验打破这个均势。

有一天，琼斯教授请这三个学生到自己的家里，对他们说："我准备在你们每个人头上戴一项红帽子或蓝帽子。在我叫你们把眼睛睁开以前，都不许把眼睛睁开来。"琼斯教授在他们的头上各戴了一项红帽子。琼斯说："现在请你们把眼睛都睁开来，假如看到有人戴的是红帽子就举手，谁第一个推断出自己所戴帽子的颜色，就给谁奖章。" 三个人睁开眼睛后都举了手。一分钟后，珍妮喊道："琼斯教授，我知道我戴的帽子是红色的。"

珍妮是怎样推论的？

170 楼里的四户人家

难度：★★★☆☆ 用时：＿＿＿＿＿

有一个楼里住着四户人家，每家各有两个男孩。这四对亲兄弟中，哥哥分别是甲、乙、丙、丁，弟弟分别是A、B、C、D。一次，有个人问："你们究竟谁和谁是亲兄弟呀？"乙说："丙的弟弟是D。"丙说："丁的弟弟不是C。"甲说："乙的弟弟不是A。"丁说："他们三个人中，只有D的哥哥说了实话。"其中，只有丁的话是可信的，那人想了好半天也没有把他们区分出来。你能区分出来吗？

171 献血者的血型

难度：★★★☆☆ 用时：＿＿＿＿＿

一项调查表明：献血者所献血液中的45%是O型血，O型血在紧急情况下是非常有用的，因为在紧急情况下没有时间去检验受血者的血型，而O型血可供任何人使用。O型血和一切类型的血都相合，因而不论哪一种血型的人都可以接受它。由此可知（　）。

A. 血型为O型的献血者越来越受欢迎

B. O型血的特殊用途在于它与大多数人的血型是一样的

C. 输非O型血给受血者必须知道受血者的血型

D. 世界上45%的人血型为O型，O型是大多数人共同的血型

172 难度：★★★☆☆ 用时：_____

环球旅行

经常听说有人进行环球旅行，可是，在地球上怎样才算环球旅行呢？假设只要跨过地球上所有的经线和纬线，就可以算环球旅行。那么，环球旅行的最短路程大概为多少千米？（为了简化，可以把地球看作一个正圆球，赤道周长 4 万千米）

173 难度：★★★☆☆ 用时：_____

窃贼入室内

四个人住在一个宿舍，他们近来特别忙碌，于是规定最后回宿舍的人要锁上门。但是昨天晚上门没有锁，有窃贼进入室内，偷了甲的录音机。

四个人决定查出是谁最后进的宿舍，他们都如实地讲述了下面的话：

甲说："我进宿舍的时候，丙正在宿舍里洗脚。"

乙说："我回来的时候，丁已经睡了，于是我听了一会儿歌曲，然后也睡了。"

丙说："我进门的时候，乙正在听歌。"

丁说："我什么也不记得了。"

你能判断出是谁最后一个进的门而忘了锁门吗？

难度：★★★☆☆ 用时：_____

174 租房的问题

有一家人决定搬进城里，于是去找房子。全家三口，夫妻俩和一个 5 岁的孩子。他们跑了一天，直到傍晚，才好不容易看到一张公寓出租的广告。他们赶紧跑去，房子出乎意料的好。于是，就前去敲门询问。

这时，温和的房东出来，对这三位客人从上到下地打量了一番。丈夫鼓起勇气问道："这房屋出租吗？"房东遗憾地说："啊，实在对不起，我们公寓不招有孩子的住户。"丈夫和妻子听了，一时不知如何是好，于是，他们默默地走开了。

那 5 岁的孩子，把事情的经过从头至尾都看在眼里。那可爱的心灵在想：真的就没办法了？他那红叶般的小手，又去敲房东的大门。这时，丈夫和妻子已走出 5 米来远，都回头望着。

门开了，房东又出来了。这孩子精神抖擞地说：……

房东听了之后，高声笑了起来，决定把房子租给他们住。

那么，这位 5 岁的小孩子说了什么话，终于说服了房东？

难度：★★★☆☆ 用时：＿＿＿＿＿

175 饮食问题

有些南京人不爱吃辣椒，有些爱吃甜食的人不爱吃辣椒。以下哪项能保证上述推理成立？

A. 所有南京人都不爱吃辣椒

B. 有些南京人爱吃甜食

C. 所有爱吃甜食的人都爱吃辣椒

D. 所有南京人都爱吃甜食

难度：★★★☆☆ 用时：＿＿＿＿＿

176 小组活动

甲、乙、丙、丁四个人在一起讨论本小组参加某活动的情况。

甲说："我们组所有人都参加了。"

乙说："如果张帆没有参加，那么李航也没参加。"

丙说："李航参加了。"

丁说："我班所有同学都没参加。"

已知四人中只有一人不正确，由此可见（ ）。

A. 甲说得不正确，张帆没参加

B. 乙说得不正确，张帆参加了

C. 丙说得不正确，张帆没参加

D. 丁说得不正确，张帆参加了

177 门口的布告

难度：★★★☆☆　用时：＿＿＿＿＿

逻辑推理俱乐部大厅门口贴着一张布告："欢迎你参加推理俱乐部！只要你愿意，并且通过推理取得一张申请表，就可以获得会员资格了！"

走进大厅，看见桌子上摆着两个匣子：一个圆匣子，一个方匣子。圆匣子上写着一句话："申请表不在此匣中"，方匣子上写着一句话："这两句话中只有一句是真话"。

如果你想获得会员的资格，那么你是从圆匣子中，还是从方匣子中去取申请表呢？

布告

178 难度：★★★☆☆ 用时：_____

阅读会导致近视吗

甲："儿时进行大量阅读会导致近视。"

乙："我不同意，近视眼与阅读之间的关联都来自以下事实，观看远处景物有困难的孩子最有可能选择那些需要从近处观看物体的活动，比如阅读。"请问，乙对甲是通过什么方法反驳的？

A. 运用类比来说明甲推理中的错误

B. 指出甲的声明是自相矛盾的

C. 说明如果接受甲的观点，会导致荒谬的结论

D. 论证甲的声明中某一现象的原因实际上是该现象的结果

179 难度：★★★☆☆ 用时：_____

项目与市场

如果公司拿到项目 A，则 B 产品就可以按期投放市场；只有 B 产品按期投放市场，公司资金才能正常周转；若公司资金不能正常周转，则 C 产品的研发就不能如期进行。而事实是 C 产品的研发正如期进行，由此可见（　　）。

A. 公司拿到了项目 A 并且 B 产品按期投放市场

B. 公司既没有拿到项目 A，B 产品也没能按期投放市场

C. B 产品按期投放市场并且公司资金周转正常

D. B 产品既没有按期投放市场，公司资金周转也极不正常

难度：★★★☆☆ 用时：_____

180 参加面试

A、B、C、D、E、F 6 个人去一家公司参加面试，但公司只招一个人。究竟谁被录用了呢？4 位领导做了如下预测。

甲："A、B 有希望。"

乙："A、C 有希望。"

丙："E、F 有希望。"

丁："不可能是 A。"

而结果证明，4 位领导中只有 1 个人的预测是正确的。请问：谁被录用了？

难度：★★★☆☆ 用时：_____

181 水果店进货

甲、乙、丙三个人各在街上开了家水果店，三个人的关系非常好，所以经常一起去进货，这次他们去进香蕉的时候（可从多个地方进货），每次买的价格都是相同的，最后他们花了相同的钱，但是甲买了 110 斤，乙买了 100 斤，丙买了 90 斤。你知道这是为什么吗？

182

难度：★★★☆☆ 用时：_____

四个果园

有甲、乙、丙、丁四个果园，其中甲园的各种果树都能在乙园找到，丙园的果树种类包含所有的乙园果树种类，而丙园中有一些果树在丁园中也有种植，则（　　）。

A. 甲园中有一些果树能在丁园中找到

B. 甲园中所有的果树都能在丙园中找到

C. 丁园中所有的果树都能在乙园中找到

D. 乙园中有一些果树能在丁园中找到

183 难度：★★★☆☆ 用时：_____

女明星被害

　　一天清晨某电影女明星被发现死在自己的房间里。她躺在床上，全身覆盖着毛毯，只有脑袋露在外面，右边太阳穴有一个弹孔，掀开毛毯发现她的右手握着一把手枪。在床边的化妆台上，有一张纸，上面用口红写着遗言"我痛恨新闻界"。这似乎是指近期报界对她生活的报道。但是，当警察看过现场之后，马上断定，这是谋杀伪装成自杀，因为出现了一个重大失误。你知道是为什么吗？

184 难度：★★★☆☆ 用时：_____

分批进实验室

　　有一个班要分批进实验室做试验，规定每次只能进四个人，而且每个女生旁边必须至少有另外一个女生，那么，总共有多少种排法呢？

185

难度：★★★☆☆ 用时：_____

聪明的小孩

有一群人在路口喧哗，一个小孩子过去看热闹。原来那里有两个人在打赌，他们的规矩是：一个人说一句话，如果另外一个人不相信的话，就要给说话的人5个铜板。这两个人中有一个人挺憨厚的，所以输了一些钱。另一个人是个无赖，总是赢钱。

于是小孩子过去替那个憨厚的人参加游戏，并且每次只对那个无赖说同样的一句话，无赖每次只能回答不相信，并且给小孩五个铜板。

你知道小孩是怎么说的吗？

186

难度：★★★☆☆ 用时：_____

盗墓贼盗墓

有个盗墓贼钻进了一个古墓，借着灯光，他发现了两个箱子，旁边的墙上写着："这两个箱子其中之一装有满箱的珠宝，另一个箱中装有毒气。如果你足够聪明，按照箱子上的提示就能找到打开的方法。"

这时，他看到两个箱子上都有一张纸条，第一个箱子上的纸条上写着："另一个箱子上的纸条上的话是真的，珠宝在这个箱子里。"第二个箱子上写着："另一个箱子上的话是假的，珠宝在另一个箱

子里。"

那么，他应该打开哪个箱子才能获得珠宝呢？

187 难度：★★★☆☆ 用时：_____
猜职业的前提

王某："张建是百事可乐在中国的高级雇员之一。"

李某："那怎么可能？张建只喝可口可乐。"

对话中李某的陈述隐含的一个前提是（　）。

A. 可口可乐与百事可乐同属一个总公司
B. 张建在可口可乐公司并不受重视
C. 张建在百事可乐兼职
D. 一般地，所有的高级职员只喝本公司的产品

188 谁会是新部门经理

难度：★★★☆☆ 用时：_____

有一家著名的企业根据市场的情况，成立了一个新的部门，于是董事会决定选出这个新部门的经理。他们召集了所有的雇员，让他们自报条件候选，并且要他们推荐自己认为可能的第二候选人。最后董事会根据所有的名单选出了部门经理。

你认为，被选中的人应该是谁？

189 愚人节的游戏

难度：★★★☆☆ 用时：_____

每年的愚人节，小明都会上当受骗。今年他打算报复一下，也骗骗别人。可是他思来想去也不知道怎样骗别人。其实，只要说一句很简单的话就可以达到目的。你知道这句话是什么吗？

190

难度：★★★☆☆　用时：＿＿＿＿＿＿

摆放三角形

用3根火柴很容易摆一个等边三角形，现在有6根火柴，怎样可以摆成四个同样的等边三角形？

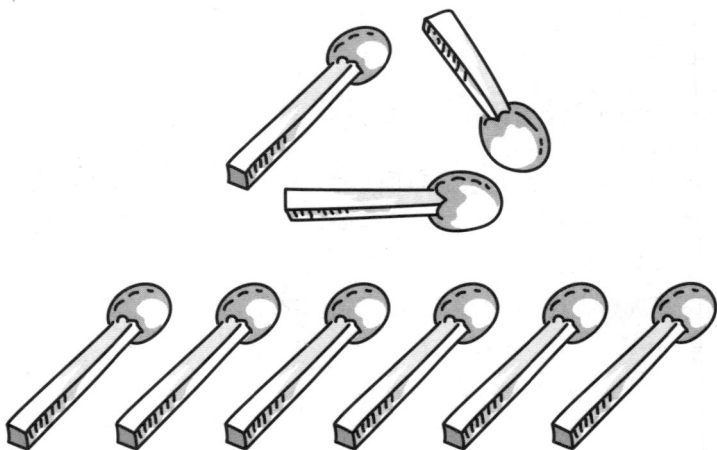

191

难度：★★★☆☆　用时：＿＿＿＿＿＿

苛刻的征婚条件

小李心中的白马王子是高个子、相貌英俊、博士。她认识王威、吴刚、李强、刘大伟四位男士，其中有一位符合她所要求的全部条件。四位男士中，有三个高个子，两名博士，一人长相英俊。

（1）王威和吴刚都是博士。

（2）刘大伟和李强身高相同。

（3）李强和王威并非都是高个子。

请问谁符合小李的全部条件？

难度：★★★★☆ 用时：＿＿＿＿

192 小魔女们和狗

小林子、小欢子、小安子、小丹子4个小魔女每人都养了数量各不相同的小狗，并且她们眼睛的颜色和她们服装的颜色都各不相同。

小狗的数量有：1只、2只、3只、4只。

她们的眼睛颜色分别是：灰色、绿色、蓝色、红色。

服装颜色分别是：黑色、红色、紫色、茶色。

请根据如下条件判断她们每个人眼睛的颜色、服装的颜色、饲养小狗的数量。

（1）灰色眼睛的魔女和黑色服装的魔女和小欢子3人共有8只小狗。

（2）绿色眼睛的魔女和红色服装的魔女和小安子3人共有9只小狗。

（3）红色眼睛的魔女和茶色服装的魔女和小丹子3人共有7只小狗。

（4）紫色服装的魔女的眼睛不是灰色的。

（5）小安子的眼睛不是蓝色的。

（6）小欢子的眼睛是红色的。

193 难度：★★★★☆ 用时：_____

黑袜和白袜

有两位盲人，他们各自买了一双黑袜和一双白袜，四双袜子的布质、大小完全相同，而每双袜子都有一张商标纸连着。两位盲人不小心将四双袜子混在一起。他们每人怎样才能取回黑袜和白袜各一双呢？

194 难度：★★★★☆ 用时：_____

挂错的门牌

某日，某旅馆里来了三对客人：两个男人，两个女人，一对夫妇。他们分别住在三个房间，房间的门口挂上了带有标记"男男""女女""男女"的牌子，以免互相进错房间。但是旅馆老板调皮的儿子，却把牌子换了位置，弄的房间里的人和牌子全对不上号。

在这种混乱情况下，据说只要敲一个房间的门，听到里边的一声回答，就能全部搞清楚三个房间里的人员情况。你认为应该敲挂着哪个牌子的房间？

195

难度：★★★★☆ 用时：_____

取牌

有9张牌，分别为1至9。A、B、C、D四人取牌，每人取2张。现已知 A 取的两张牌之和是 10，B 取的两张牌之差是 1，C 取的两张牌之积是 24，D 取的两张牌之商是 3。请说出他们四人各拿了哪两张牌。

196

难度：★★★★☆ 用时：_____

盒子上的话

在桌子上放着四个盒子。每个盒子上都有一张纸条，上面分别写着一句话。

A 盒子上写着：所有的盒子里都有水果。

B 盒子上写着：本盒子里有香蕉。

C 盒子上写着：本盒子里没有梨。

D 盒子上写着：有些盒子里没有水果。

如果这里只有一句话是真的,你能从哪个盒子里拿出水果来?

197 上坡路和下坡路

难度：★★★★★ 用时：_____

赫拉克里特说过："上坡路和下坡路是同一条路。"而上山和下山的路往往只有一条。如果有一个人在第一天上山去游玩，他沿着这条路，很随意地看风景，有时走得快一些，有时又走得慢一些，有时歇脚，有时喝水和吃干粮。到了晚上他到达山顶。然后在山顶露营。

第二天早上他开始下山，仍然和上山的时候一样，有时走得快，有时走得慢，有时也歇脚，到将近傍晚的时候他到达山脚。

现在让你证明，途中有一个地方，这个游客在上山和下山经过这一地点的时间是相同的。

198 阴险的囚徒

难度：★★★★★ 用时：_____

国王从监牢中提出 5 个死囚，然后给这 5 名死囚编上号，在一个大袋子里准备了 100 粒黄豆让他们抓，规定每个人最少要抓一粒，等 5 个人抓完后，检查每个人所抓的数量，最多的和最少的都要被处死，如果有数量重复的也要被处死。而且，他们在抓的过程中不能交流，不过可以在抓的时候摸出剩下的黄豆数量。

这 5 个囚徒都是极其聪明的人，他们阴险而歹毒，为活命可以不择手段。那么，谁生存的概率较大呢？

199 小人国里的人

难度：★★★★★ 用时：＿＿＿＿＿＿

在小人国里有兄弟姐妹七人。他们在一起过着幸福快乐的生活，有一天，一位画家看见他们在一起快乐玩耍的情景，想给他们画一幅画，但是七人都特别调皮，经过商量，他们决定给这位画家出一道难题，如果画家能算出来，就可以给他们画像。这道题是这样的，他们告诉画家关于他们七人 A、B、C、D、E、F、G 的情况：

（1）A 有三个妹妹。

（2）B 有一个哥哥。

（3）C 是女孩，她有两个妹妹。

（4）D 有两个弟弟。

（5）E 有两个姐姐。

（6）F 也是女孩，但她和 G 没有妹妹。

他们要画家根据这些资料猜出他们中谁是男孩，谁是女孩，大小顺序如何？画家犯了难，你能帮助他吗？

200 有意思的钟

难度：★★★★★ 用时：＿＿＿＿＿＿

爷爷有两只钟，一只钟两年只准一次，而另一只钟每天准两次，爷爷问小明想要哪只。如果你是小明，你会选哪只呢？当然，钟是用来看时间的。

答案

1 还是需要5只猫。5只猫5分钟可以抓5只老鼠，延长5分钟的话，还可以再抓5只，延长到100分钟，就可以抓100只。

2 C。

3 如果小孩子真的给大孩子2元钱，那么小孩子就多付了。因为点心是两个人合伙买的，本应该每人吃一半，但是小孩子比大孩子多吃了2个，也就是说小孩子从大孩子那里拿来了1个，所以只需把从大孩子那里拿的那一个的钱还给大孩子就可以了，所以只需给1元，而不是2元。

4 错误，漂亮的头发不仅仅女性可以拥有。

5 这道题的关键在于：胡萝卜中途必须放下，要不，一直不停地走，驴都吃完了，就没有可卖的了。想要剩得越多，驴就要吃得越少，而驴吃得越少，就等于驴走了越短的路程。使驴走最短路的办法就是分段运输，把胡萝卜一点点往前移。

由于不管驴驮多驮少，每走1千米都是吃1根胡萝卜，所以，尽量让驴背上的胡萝卜保持最多，最后剩下的胡萝卜也就最多；而让驴驮最多就需要每段出发时驴背上都满载（1000根），这就要求每个分段的胡萝卜数量都必须是1000的整倍数——胡萝卜3000根，一次背1000根，3000除以1000等于3，因此需要把路分成3段，中间有两个停靠点。

假设第一个停靠点为A点，从起点驮3000根胡萝卜到A点，驴要来回 5 趟——第一次 1000 根，回去；第二次 1000 根，回去；第三次 1000 根，不用回去。分段运输有个问题——驴回去也得吃，所以放下的胡萝卜应该是减去回去路程的数量，比如，第一次驴驮了 1000 根，走 200 千米，那放地上的就应该是 600 根胡萝卜，因为驴回去继续拿，还有 200 千米要走，还得吃 200 根。

第一个整倍数是 2000，也就是说将胡萝卜都运到 A 点时，胡萝卜总数要为 2000 根。那 A 点选在哪里，才能保证地上剩下 2000 根胡萝卜呢？显然是走 5 次吃掉 1000 根胡萝卜的地方，那就是 1000/5=200 千米处。

驴拿第一次，1000 根，200 千米时候放下 600 根，吃了 200 根，回去再吃 200 根，这样 2 次，那么地上就是 1200 根，第三次不用回去，1200+800=2000。

假设第二个停靠点为 B 点，2000 根胡萝卜从 A 到 B 要来回 3 次，同样的道理，B 点要设在距离 A 点 1000/3 ≈ 333.3 千米的地方。

让驴把 1000 根胡萝卜从 A 背到 B，途中吃掉 333 根，到 B 点放下 334 根，然后折回 A 点，途中吃掉背上剩余的 333 根。

到 A 点后，驴背上 1000 根出发，途经 B 时，把 334 根也背上。从 A 到终点共 800 米，驴吃掉 800 根，共剩余 534 根。

6 当你仔细观察，你会发现，两个假设是相对的，也就是说今天是星期天。

7 他们都是君子。

先假设甲说的是假话，那么，他就是君子，这和君子说真话相矛盾。所以甲说的是真话，那么他就不可能是小人，而君子讲真话，所以乙也是君子。

8 D。

9 丁和戊的年龄的平均数正好是25，说明两人中一人大于25岁，一人小于25岁。结合条件（1）、（3）可知，乙和戊是教练，丙和丁里面有一个是程序员。可排除乙和戊。

假设丙是小亮的哥哥，那么，根据条件（2），甲和丙都大于25岁，又因为丁和戊里面还有一个大于25岁的，这就与五个人中两个人大于25岁矛盾。

假设甲是小亮的哥哥，那么甲和丙都大于25岁，因为丁和戊里面还有一个大于25岁的，所以不成立。

那么，只有丁才是小亮的哥哥。

10 A 先生住在亚洲印度的新德里。

B 先生住在南美洲巴西的巴西利亚。

C 先生住在欧洲法国的巴黎。

D 先生住在北美洲美国的纽约。

E 先生住在北美洲美国的芝加哥。

11 $(1 + 2) \div 3 = 1$

$1 \times 2 + 3 - 4 = 1$

$[(1 + 2) \div 3 + 4] \div 5 = 1$

$(1 \times 2 + 3 - 4 + 5) \div 6 = 1$

$\{[(1 + 2) \div 3 + 4] \div 5 + 6\} \div 7 = 1$

$[(1 \times 2 + 3 - 4 + 5) \div 6 + 7] \div 8 = 1$

12 12 天吃完。

假设把 1 只羊 1 天内所吃的草当作 1，那么

（1）27 只羊 6 天所吃的牧草为：27×6=162（162 含有

原有牧场的草和 6 天新长的草）。

（2）23 只羊 9 天所吃的牧草为：23×9=207（207 含有原有牧场的草和 9 天新长的草）。

（3）1 天新长的草为（207−162）÷（9−6）=15。

（4）牧场上原有的草为 27×6−15×6=72。

（5）每天新生的草可以让 15 只羊吃，21 头减去 15 只，剩下 6 只吃原有的草，那么就是 72÷6=12（天）。

13 两个孩子各带了 10 元、50 元、100 元，另外一个孩子没带钱。

因为每个孩子所带的钱中没有相同的，且如果没带 100 元就只能有一张 50 元，另外两个孩子中必然有一个人有 50 元，剩下的那个孩子没有 50 元也就没有 100 元，没有 100 元也就没有 10 元。那么只能是前边两个人带了所有的 320 元，因为不能有相同，所有只能两人各带 10 元、50 元、100 元。

14 只有一朵兰花。

15 方法一：

1 坏人 1 好人过，好人回；

2 坏人过，1 坏人回；

2 好人过，1 坏人 1 好人回；

2 好人过，1 坏人回；

然后剩下的都是坏人了，可以随便过。

方法二：

2 坏人过，1 坏人回；

2 坏人过，1 坏人回；

2 好人过，1 坏人 1 好人回；

2 好人过，1 坏人回；

同样，剩下的都是坏人了，可以随便过。

16 a、c 过，留 a，c 回；b、c 过，留 a、b，c 回；A、B 过，留 A、a，B、b 回；C、c 过，留 C、c，A、a 回；A、B 过，留 A、B、C，c 回；a、c 过，留 A、a、B、C，c 回；b、c 过，完成。

17 先看极端情况：

如果甲、乙有一人拿到 5 元的信封，该人肯定愿意换。

如果甲、乙有一人拿到 160 元的信封，该人肯定不愿意换。

再看中间情况：

假设甲拿到 20 元的信封，他面对两种可能，乙信封里为 10 元或 40 元，这两种可能从概率上来说是均等的，各为 50%，他若愿意换，则期望收益为 10×50%+40×50%=25 元。这比他不交换的所得多，因此，甲愿意交换。

假设乙拿到 40 元的信封，同样，他面对两种可能，甲信封里为 20 元或 80 元，同样，他若愿意交换，期望收益为 20×50%+80×50%=50 元，比他不交换所得多，因此，乙也愿意交换。

18 A 是中国人，B 是俄罗斯人，C 是英国人，D 是瑞典人，E 是法国人，F 是日本人。

由（1）可知，A 不是日本人，又因为（2）、（3），A 不是俄罗斯人，不是瑞典人。由（5）可知，A 不是法国人，所以 A 只能是英国人或中国人。

由（4）可知，B 不是瑞典人，由（6）可知，B 不是日本人，也不是法国人。

由（3）可知，C 不是瑞典人，又因为（1）、（2），C 不是日本人，不是俄罗斯人，由（5）可知，C 不是中国人，由（6）可知，C 不是法国人，所以 C 是英国人。那么 A 就是中国人。

那么 B 就是俄罗斯人。现在剩下 D、E、F 分别是法国人、瑞典人、日本人。由（1）、（2）可知，E 不是日本人，不是瑞典人，所以，E 是法国人；由（4）知道，F 不是瑞典人，那么 F 是日本人，D 是瑞典人。

19 假设 A 是女孩，最大，那么 B 比 A 小 3 岁，假设 C 是比 B 小 2 岁，那么三人的顺序由大到小就是 A、B、C。

如果 C 是比 B 大 2 岁，那么顺序为 A、C、B。

假设 A、B、C 都是男孩，那么有两种情况，B 为长子或 C 为长子。B 为长子，则顺序由大到小为 B、C、A；C 为长子，则顺序大小为 C、B、A。

假设 A、B 为男孩，C 为女孩，那么 C 可以比 B 大 2 岁，B 比 A 大 3 岁，那么顺序大小为 C、B、A。

假设 A、C 为男孩，B 为女孩，那么女孩最大时组合为 B、

C、A。女孩不是最大为 C、B、A。女孩不是最大时为 B、C、A。

假设 A、B 是女孩，C 是男孩，那么可以是 A、B、C，也可以是 C、B、A。

综上所述，三个孩子的年龄排列顺序由大到小可能是 A、B、C，A、C、B，B、C、A，C、B、A。

20 红帽子。甲无法判断出自己戴的是什么颜色帽子，说明有两种情况，一种是甲看到乙、丙都戴着红帽子，另一种是乙、丙有一人戴的是红帽子。

乙也是同理。如果都是第一种情况，丙自然戴的是红帽子。如果是第二种情况，综合两人看到的（乙、丙），甲、丙中有一人戴的是红帽子，那这个人只能是丙。

21 （1）如果 A 继承 2 号房，那么 B 继承 4 号房，E 继承 6 号房，C 不继承，因此只有 D 继承 3 号房间了。

（2）要让其他三人各继承两间房，A 继承 2 号房，那么 B 继承 4 号房，E 继承 6 号房，将剩下的 1、3、5、7 和 4、6 组合，无法组成的是 C。

22 挑出 4 个人不动，为 C8 取 4 是 70 种 $C_8^4=70$，剩下的人调换位置，用树形图枚举（以甲、乙、丙、丁原先分别在 1、2、

3、4位置为例）：

甲 乙 丙 丁

2　1　4　3

2　3　4　1

2　4　1　3

3　1　4　2

3　4　1　2

3　4　2　1

4　1　2　3

4　3　1　2

4　3　2　1

23 共 9 种，所以总共有 70×9=630 种。

假设甲读的第一本书为甲 A，乙读的第一本书为乙 B……
他们五人具体的阅读顺序为：

丙	乙	甲	丁	戊
丙 C	乙 B	甲 A	丁 D	戊 E
甲 A	丙 C	丁 D	戊 E	乙 B
乙 B	甲 A	戊 E	丙 C	丁 D
戊 E	丁 D	乙 B	甲 A	丙 C
丁 D	戊 E	丙 C	乙 B	甲 A

24 B、C、D 各拿出 10 元还给 A 即可。

25 只割开一节，就是第三个环。这样，就把这个链条分成 1、2、4 三部分。第一天，给店主一个环；第二天，给店主两个环并找回一个环；第三天，给店主一个环；第四天，给店主四个环，并让店主找回那两个环和一个环的两部分；第五天，给店主一个环；第六天，给店主两个环，并找回一个环；第七天，给店主一个环。

26 B。

27 人先带着鸡过河，然后人回来把狗带过去，再回来的时候把鸡带回来放在岸边，把米带过去，最后回来带鸡。

28 是第 8 只兔子。把 10 只兔子按顺序排成 1，2，3，…，10 号。第一次报数，单数的兔子都可以离开。剩下 2、4、6、8、10 五只，再次报数，2、6、10 可以离开，剩下 4 和 8，4 报一，离开，剩下 8 号被吃。

29 亮亮说："你刚刚答应了把女儿嫁给我。"

30 把第一块芯片与其他逐一对比，看看其他芯片对第一块芯片给出的是好是坏，如果给出的是好的过半，那么说明这是好芯片，完毕。如果给出的是坏的过半，说明第一块芯片是坏的，那么就要在那些在给出第一块芯片是坏的芯片中，重复上述步骤，直到找到好的芯片为止。

31 有。乙这时拿起一个苹果吃，等他把这个苹果吃完后，甲的 2 个苹果一定还剩一些没有吃完，所以乙这时可以拿起另外的两个苹果一起吃，这样乙就能吃到 3 个苹果并取得胜利。

32 按照最少的候选人数投票，也就是说，假设这 49 票都投给了 4 个人，那么第三名一定要得到比平均数多的票才能当选。而平均数是 49/4=12.25，所以至少要得到 13 票，才能确保当选。

33 3 个女儿年龄加起来是 13 的可能有以下几种：

1，1，11，乘积是 11；1，2，10，乘积是 20；1，3，9，乘积是 27；

1，4，8，乘积是 32；1，5，7，乘积是 35；1，6，6，乘积是 36；

2，2，9，乘积是 36；2，3，8，乘积是 40；2，4，7，乘积是 56；

2，5，6，乘积是 60；3，3，7，乘积是 63；3，4，6，乘积是 72；

3，5，5，乘积是 75；4，4，5，乘积是 80。

因为只有乘积为 36 时有两种情况，而朋友知道富翁年龄却无法确定富翁女儿的年龄，所以富翁的年龄为 36，其女儿的年龄为 1，6，6 或 2，2，9，因为只有一个女孩在上小学，所以排除 1，6，6，富翁女儿的年龄为 2 岁，2 岁，9 岁。

34 A。小李的话将可能变成了绝对，因此是错误的。小王和小张的话是正确的。

35 4x 个硬币。

假设硬币半径为 1，由题设可知，不能再放进去一个新的硬币时，在整个桌面上，任意一点到离它最近的硬币的圆心的距离不大于 2，把桌子分割成 4 个相等的长方形，那么每个长方形的边长都是原来的一半，因此，桌面到最近的硬币的圆心的距离小于 1。x 个硬币可以覆盖长方形的桌面，因此，覆盖整个桌面要 4x 个。

36 D。

37 乙的水杯在丁的手中，乙拿的是甲的水杯。

38 让第 1 个女孩和第 2 个女孩过去，用时 2 分钟。第 1 个女孩把手电筒拿过来，用时 1 分钟。第 3 个和第 4 个女孩过去，用时 10 分钟。第 2 个女孩把手电筒拿过来，用时 2 分钟。第 1 个女孩和第 2 个女孩一起走过去，用时 2 分钟。总共用时：2+1+10+2+2=17 分钟。

39 甲会中文和俄语，乙会法语和中文，丙会英语和法语，丁会中文。

因为甲与丙、丙与丁不能直接交谈，又因为有一种语言 4 人中有 3 人都会，所以不会这种语言的就是丙，甲、乙、丁 3 人都会某一种语言。因为丁不会俄语，所以俄语不是 3 人都会的。甲会俄语，但没有人既会俄语又会法语，所以法语也不是 3 人都会的。乙不会英语，所以英语也不是 3 人都会的。那么只能甲、乙、丁 3 人都会中文。

根据条件可知，甲会的是中文和俄语，丁会中文。甲和丙不能直接交流，那么丙会的就是英语和法语。乙可以和丙直接交流，乙不会英语，那么乙就应该会法语。所以，乙会的是法语和中文。

40 2 只。

41 六个按钮上面的标号分别是：D、E、C、A、F、B。

42 他可以先把羊带过河，然后回来，再带一筐草过河。然后，把羊带回原岸，把另一筐草带过去，最后回来带羊。

43 乙、丙、甲、丁。

44 2275.78125 元。

假设各运输的返回点之间的距离依次为 a、b、c、m，各趟运输 a 段的耗水应由一次运输承担，它相当于把 240 千克水的一部分运到 a 处，应有下面推导：

（240−8a）应取最大值且条件为：8a ≤ 60，得出 a=7.5，在 a 处卖水 60−8a=0 千克；

（180−6b）×（7.5+b）应取最大值且满足条件：6b ≤ 60，得出 b=10，在 b 处卖水 60−6b=0 千克；

（120−4c）×（17.5+c）应取最大值且满足条件：4c ≤ 60，得出 c=6.25，在 c 处卖水 60−4c=35 千克；

（60−2m）×（23.75+m）应取最大值且满足条件：2m ≤ 60，得出 m=3.125，在 m 处卖水 60−2m=53.75 千克；

所以 53.75×（3.125+6.25+10+7.5）+35×（6.25+10+7.5）=2275.78125 元。

45 B。包和李性别相同，A违反条件（3）；艳必须同包或代同组，或者同时与包、代同组排除D和E；C组合中郑只能与孙、代一组，违反条件（2），排除。因此选B。

46 D。根据条件（3），三个成年女性分别分在三个组里，两个成年男子分别分在两个组里，剩下的四个孩子再作分配，必有两个孩子在一起，要跟一个成年女性。所以D是正确的。其他选项都不确定，最后一项是完全错误的，与条件（3）相悖。

47 E。A、B首先予以排除，因为明显违反条件（1）；C、D不符合条件（2）。因此，选E。

48 C。首先排除B，因为孙和月同组。孙和包同组违反条件(3)，排除A。D项：包、代、月为一组，题干李、山、青为一组，剩下艳、孙、郑为一组违反条件（2），排除D。根据条件（3），排除E。故选C。

49 C。月不能在孙那一组，排除A；根据条件（2），排除B、E；根据条件（3），排除D。故选C。

50 假设是A击中的，则D、E、F、G四人猜对。假设是B击中的，则B、E、F、G四人猜对了；假设是C击中的，那么则D、E、F三人猜对；假设是D击中的，那么D、E、F、G四人猜对；假设是E击中的，那么D、E、F、G四人猜对；假设是F击中的，那么A、D、G、H猜对了；假设是G击中的，那么C、D、E、F、G五人猜对。

所以是 C 击中的。

51 B。

由条件（4）排除 C、D，由条件（5）排除 A。

52 D。

假设 A 是冠军，则甲、丙猜测正确，不符题意，排除；假设 B 是冠军，同理亦排除；假设 C 是冠军，则乙、丙猜测正确，不符题意，排除；假设 D 是冠军，则乙猜测正确，符合题意。

53 1. 先把 5 升的灌满，倒在 6 升的壶里，这时 6 升的壶里有 5 升水。

2. 再把 5 升的灌满，用 5 升的壶把 6 升的灌满，这时 5 升的壶里剩 4 升水。

3. 把 6 升的水倒掉，再把 5 升壶里剩余的水倒入 6 升的壶里，这时 6 升的壶里有 4 升水。

4. 把 5 升壶灌满，倒入 6 升的壶，5-2=3。

54 把 3 个人称为 A、B、C。当 A 看到另外两个人都是黑帽子的时候，A 会想到如果自己戴的是白帽子，另一个犯人 B 就

会看到 1 个白的和 1 个黑的帽子，而犯人 B 会想如果自己戴的是白帽子，那么 C 就会看到两个戴白帽子的，那么他就会出去，但是 C 没有出去，也就是他没有看到两个戴白帽子的，那么自己头上戴的一定是黑帽子，这样一来 B 就会被放出来，但是 B 没有出去。同理，C 也是这样，所以 A 就可以断定自己戴的是黑帽子。

55 丙。此题可以运用假设排除法推理得出丙说的是真话，甲和乙说的都是谎话。

56 王立说"我不知道你也不会知道"，可以排除 6 月和 12 月。因为 6 月和 12 月都有一组只凭日期就可以判断出生日。这样就只剩下 3 月和 9 月，张松听了王立的话就知道了，那说明，肯定不是 3 月 5 日和 9 月 5 日，此时剩下 3 月 4 日、3 月 8 日、9 月 1 日，王立听了张松的话就知道了，那么肯定是剩下的这组数字中日期没有重复的"9 月 1 日"。

57 D。

由条件（3）、（4）可得，张、杨一定小于 30 岁，郭和周有一个人小于 30 岁，根据条件（7）仇先生的老婆不会是张、杨。

由条件（5）、（6）可得，王和周的职业是秘书，郭和杨有一个人是秘书，根据条件（7）仇先生的老婆不会是王、周。

所以只有郭符合条件。

58 C。

　　由条件(1)、(5)可以得出如下的从高到矮的顺序: 小文、菁、云、浩、草,这样我们就可以很明显地看出小文高于草,因此C对。而A、B、D由于条件不充分,推出结果当然也是不可靠的。

59 B。

　　根据条件（4）、（5）可以得出这样的高矮顺序：杰、军、浩、草。由此可见，如果军比浩高，那么杰肯定比草高。

60 E。

61 C。

　　由已知条件（2）、（3）和本题附加条件可知，植、草、杰和波四人中，植的体重最重，其次是草和杰，波的体重最轻，而选择C中所示体重恰恰相反，即波的体重重于植的体重，所以C错。

62 红色。周围的6个人只能看到周围5个人头上的头巾的颜色，由于中间那个小朋友的阻挡，每个小朋友都无法看到与自己正对面的头巾颜色，他们无法判断自己头巾的颜色，证明他们所看到头巾的颜色是3红2黑。剩下1黑1红是他们和自己正对着的人的头巾颜色，这就说明处于正对面的两个人都包着

颜色相反的头巾，那么中间的人就只能包红色。

63 玛丽。昨天巧克力，今天奶糖根据条件（1）和（2），如果凯特要的是巧克力，那么玛丽要的就是奶糖，简要的也是奶糖。这种情况与（3）矛盾。因此，凯特要的只能是奶糖。于是，根据条件（2），简要的只能是巧克力。因此，只有玛丽才能昨天要巧克力，今天要奶糖。

64 C。

65 彼得的兄弟叫瑞克且没有胡子，那么通过排除可知彼得的兄弟可能是乙、丙，又因为乙说他的兄弟没有戴眼镜而彼得戴眼镜，所以彼得和丙是兄弟，丙叫瑞克。

因为其他人都有名字，所以莱克斯的兄弟只能在甲、乙之中，因为甲的兄弟是红头发而莱克斯是光头，所以莱克斯的兄弟是乙，名字是伊恩，那么甲就是约翰，和艾伦是兄弟。现在只剩下戴夫和弗瑞德，他们是兄弟。

66 D。

A 选项：因为 D 和 E 有比较，但 D 和 A 并没有比较，所以无法比较 A 和 E。

B 选项：没有条件令 B、C 作比较，所以 B、C 之间也无法比较。

C 选项：只知道 A、D 都高于 C 但无法比较 A、D。

既然前三项都不对，那么只能选 D 了。

B。

67 由条件（3）可以排除 C、D，由条件（4）排除 A，因此答案为 B，可以代入题中验证，符合条件。

B。

68 如果甲对，那么乙、丁也对，不符题意，排除 A。

如果她的年龄在 40 岁以上，那么只有丙对。

如果她的年龄在 35 ~ 40 岁，那么丙、丁都对，不符合题意。

如果丁对，甲、乙、丙都有可能对。

40 升的桶里装的是啤酒。

69 因为第二位顾客买的葡萄酒是第一位顾客的两倍，而葡萄酒有五桶，也就是说这 6 个数字里面，其中三个之和是另外两个之和的两倍。

首先，排除第一位顾客买的是 40 升和 62 升的可能，因为剩下的数字无法达到是它们和的 2 倍。

同理，排除第一位顾客买的是 62 升和所有其他数字的组合，40 升和所有数字的组合。那么第一位顾客买的只能是 40 升以下的桶的组合。

假设第一位顾客买的是 30 升和 32 升，那么第二个顾客买的葡萄酒应该是 124 升，而剩下的 4 个数中没有 3 个数之和是 124，排除。

假设第一位顾客买的是 30 升和 36 升，那么第二个顾客买的葡萄酒应该是 132 升，剩下的 4 桶中 32、38、62 的和是 132，所以，40 升的桶里装的是啤酒。

因为只有一个桶里装的是啤酒，所以不用再假设。

小白兔买了黑外套，小黑兔买了灰外套，小灰兔买了白外套。

70 张杰是歌手，大伟是大学生，罗英是上校。

71 根据条件（2），可以知道张杰不是大学生，而根据条件（3）也可以知道罗英不是大学生，所以大伟是大学生。根据（2）可得，大伟比张杰小，又根据（1）大伟比上校大，所以上校就是罗英，张杰是歌手。

72 列出七个人推测的日期如下:

    A：星期一　B：星期三　C：星期二　D：星期四、星期五、星期六、星期日　E：星期五　F：星期三　G：非星期日

    只有一人对，B、F重复，所以都错，今天不可能是星期三。

    G说不是星期日，如果今天是星期一、星期二、星期四、星期五或星期六的话，一定有至少两个人对。所以排除，所以今天是星期日，D说对了。

73 不难发现只有C一人猜了绿队是第一名，所以这个结论是正确的，那么白队第五错了。而紫队第五对，黑队第二错，又因为紫队已经第五，所以紫队第二错，黑队第三对，同样道理推下去青队第二，这样五队的名次依次是绿、青、黑、白、紫。

74 B。

    因为A公司的老总说完后另一个姓孙的老总又说，说明A公司老总不姓孙，排除A；C公司拍摄的是《白娘子》，因此C公司老总不姓白，排除C；同样可排除D、E；所以B即为应选的答案。

75 先从A年龄开始判断，若A22岁，推出B说的有两句假话，不合题意。正确结果是：A23岁，B25岁，C22岁。

76 小黄是女助教。

首先由于教授和助教的总数是 16 名，从条件（1）和（4）得知：助教至少有 9 名，男教授最多是 6 名。

按照条件（2），男助教必定不到 6 名。根据（3）条件，女助教少于男助教，所以男助教必定超过 4 名。

男助教多于 4 名少于 6 名，故男助教必定正好是 5 名。于是，助教必定不超过 9 名，从而正好是 9 名，包括 5 名男性和 4 名女性，于是男教授则不能少于 6 名。

如此，如果是一名男教授，则与（2）矛盾；如果是一名男助教，则与（3）矛盾；如果把一名女教授排除在外，则与（4）矛盾；如果是一名女助教，则符合所有条件。因此，小黄是一位女助教。

77 假设甲的前半句猜对了，那么乙的前半句就是错的，这样，赵小丽和张洁都被清华录取，矛盾。

那么甲一定是后半句猜对了，许晓林被北京师范大学录取，那么丙的后半句就是错的,前半句正确,赵小丽被北京大学录取，那么乙前半句错误，后半句正确，张洁被清华录取。

78 没有人会承认自己有钱，因为有钱的人说假话，不会承认

有钱，没钱的人说真话，也不会承认有钱。因此，老五说的是假话，有钱，由此可知，老三没钱，说真话。

老三所说的"老四说过：我们兄弟五个都没钱"因而是句真话，即事实上老四说过此话，但"我们兄弟五个都没钱"是句假话，因而老四有钱，可进而推知，他所说的"老大和老二都有钱"是句假话，即事实上老大老二两人中至少一人没钱。

老大说的不可能是真话，否则老三说的是假话，这和已得到的结论矛盾。因此，老大有钱。又因为老大老二两人中至少一人没钱，所以老二没钱，说真话。

概括起来，老大、老四和老五有钱，说假话；老二和老三没钱，说真话。

79 A 是河南，B 是湖北，C 是陕西，D 是吉林，E 是甘肃。

假设甲说的第一句话正确，那么 B 是陕西，戊的第一句话就是错误的，戊的第二句话就是正确的；C 是陕西就不符合条件。那么，可推知甲说的第二句话正确，则 E 就是甘肃。戊的第二句话就是正确的，C 是陕西。同理便可推出 A 是河南，B 是湖北，C 是陕西，D 是吉林，E 是甘肃。

158

80 B.

	a	b	Ab	0
甲	1			
乙				1
丙			1	
丁		1		

把选项代入逐个验证。选项 B 说乙说了假话，说明乙不是 O 型，其他三人全是真话，那么甲说真话是 A 型；丙说真话是 AB 型；丁说真话不是 AB 型，那么可能乙和丁分别是 O 型和 B 型，这样不矛盾；再看 C，如果丙说了假话，那么丙就不是 AB 型，其他都是真话，那么甲是 A 型，乙是 O 型，丁不是 AB 型，因为四个人血型不相同，所以丙和丁都不是 AB 型，是不可能的，所以矛盾，排除；选项 D，丁说假话，那么丁是 AB 型，其他三人是真话，丙也是 AB 型，所以矛盾，排除，可见 A 也应排除，所以只有 B 项成立。因此选择 B。

81 理发师不需要刮脸。

假设这个理发师是男人，那么他说的话是无法成立的。因为，如果是他给自己刮脸，那么他就属于给自己刮脸的那类人。但是他只给那些不给自己刮脸的男人刮脸，所以他不能自己刮脸；如果他不给自己刮脸，那么，他属于自己刮脸的那类人，那么，根据他的话，他不能给自己刮脸。所以这是悖论。

因此，理发师是女性，不需要人来给她刮脸。

82 A 说 B 叫真真，如果是真话，那么 A 不是真真，如果是假话那么 A 也不会是真真。

同理，B 说自己不是真真，如果是真话，那么 B 不是真真，如果是假话，那么说假话的 B 不是真真。

那么 C 是真真。既然 C 是真真，那么 B 就是真假，A 就是假假。

83 亮亮的说法是错误的。

我们假设四只小狗分别为 A、B、C、D。那么，它们是公是母就有 16 种组合。你可以写出这 16 种组合，然后你会发现，四只小狗全是同一性别的出现两次，概率就是 1/8。有一个和其他三个不同出现了 8 次，所以概率是 1/2。有两个是同一性别出现了 6 次，所以概率是 3/8。而这三个数加起来正好是 1。

所以两公两母的概率不是 50%。

84 丁偷了手表。

假设甲说的是真话，那么表是乙偷的，那么丁说的就是真话，与只有一句真话矛盾。

　　假设乙说的是真话，那么表是丙偷的，那么丁说的是真话，矛盾。

　　假设丙说的是真话，那么其余都是假话，那么丁是小偷，符合题意。

　　假设丁说的是真话，其余都是假话，因为甲说的是假话，所以小偷可能是甲、丙。因为乙说的是假话，所以表不是丙偷的，那么只能是甲。那么乙说的就是真话，与只有一句真话矛盾。

　　所以，只能是丙说真话，小偷是丁。

85 首先可以确定的是 E 镇和 A 镇之间有电话线路，因为 A 镇同其他 5 个小镇之间都有电话线路。其余的是哪两个小镇呢？我们从 B、C 两个小镇开始推理。

　　假设 B、C 两小镇之间没有电话线路，那么，B、C 两镇必然分别可以同 A、D、E、F 4 个小镇通话；那么，只同 3 个小镇有电话线路的 D、E、F 就只能分别同 A、B、C 3 个镇通话，如果是这样，那么，D、E、F 之间是不能通电话的，但是，已知 D 镇可以打电话到 F 镇，所以，假设不成立，B、C 两镇之间有电话线路。

　　如果 B、C 两镇分别同 A 镇有电话线路，它们相互之间也有电话线路，那么，剩下 2 条线路是通向哪里的呢？假设 B 镇

的另外两条线路一条通向 D 镇，一条通向 F 镇，C 镇也是如此，如果这个假设成立，那么 D 镇、F 镇就将 4 条线路通往其他小镇，而我们知道 D、F 两镇都只同 3 个小镇有电话联系，所以假设不成立。

再假设 B、C 两镇同 D、F 镇之间都没有电话线路，如果这个假设成立，B、C 两镇就只有 3 条线路同其他小镇联系，这又不符合 B、C 各有 4 条电话线路的已知条件。所以，这个假设也不成立。从以上的分析只能推出 B、C 两镇各有一条线路通向 E 镇。B 镇的另一条线路或者通向 D 镇，或者通向 F 镇，C 镇也是如此。对于 E 来说，它肯定同时可以和 A、B、C 三个小镇通话。

86 假设甲去了仓库，没法推断；那么假设乙去了仓库，根据（2）可知，丁没去，根据（3），丁没去，丙也不去，根据（4）甲也没去，那么只有乙去，不成立。所以肯定是甲去乙没去。现在剩下丙和丁，如果丙去，丁也会去，就有三个人，不成立。所以就是甲和丁去。

87 假设小丽的鞋子是黑色的，那么三种看法都是正确的，不符合题意；假设是黄色的，前两种看法是正确的，第三种看法是错误的；假设是红色的，那么三句话都是错误的。因此，小丽的鞋子是黄色的。

88 假设他是 B 部落的，则与他不认识的乙则为 A 部落的，则甲说假话，那么甲回来说的"他说他是 A 部落的人"这句

答　案

话应该反过来理解为：乙是 B 部落的，这就矛盾了；假定甲是 A 部落的，则他的话为真，并且与他不认识的乙应该是 B 部落的，那么乙说的就是假话。所以甲回来说"他说他是 A 部落的人"，正好证明乙是 B 部落的，因此这个假设成立。所以甲是 A 部落的。

89 首先分析，兄弟两个必定有一个人说真话；其次，如果两个人都说真话，那么今天就是星期日，但这是不可能的，因为如果是星期日，那么两个人都说真话，哥哥就说谎了。

　　假设哥哥说了真话，那么今天一定就是星期四，因为如果是星期四以前的任一天，他都得在今天再撒一次谎，如果今天星期三，那么昨天就是星期二，他昨天确实撒谎了，但今天也撒谎了，与题干的假设不符，所以不可能是星期一、星期二、星期三。以此类推，今天也不会是星期五以后的日子，也不是星期日。

　　假设弟弟说了真话，弟弟是星期四、星期五、星期六说谎，那么先假设今天是星期一，昨天就是星期日，他说谎，与题设矛盾；今天星期二，昨天就是星期一，不合题意；用同样的方法可以去掉星期三的可能性。如果今天星期四，那么他今天就该撒谎了，他说昨天他撒谎，这是真话，符合题意。假设今天星期五，他原本应该撒谎但他却说真话，由"昨天我撒谎了"就知道不存在星期五、星期六、星期日的情况，综上所述，两个结论都是星期四，所以今天星期四。

90 如果（2）和（4）都是实话那么就是丙杀了人，那么（2）和（4）是真话，其余都是假话，但如果丙杀了A，（5）和（6）就不可能都是假话，因此，丙不是凶手。

这样，（2）和（4）之中只有一条是实话。根据（7），现在（1）、（3）、（5）都是假话，因此，只有（6）是另外的一条真实供词了。

由于（6）是实话，所以，确实有一个律师杀了A。根据前面的推理，丙没有杀害A；（3）是假话，乙不是律师；（1）是假话，甲是律师。从而，（4）是实话，（2）是假话，甲杀了A。

91 芳芳。假设玲玲说的是实话，那么，芳芳说的也是实话了，与题意不符；假设芳芳说的是实话，那么玲玲说的也是实话了，与题意不符。因此，两个人都没有说实话，把她们两个人说的话反过来就会发现，芳芳的成绩好。

92 丙说谎，甲和丙都拿了一部分。假设甲说谎的话，那么乙也说谎，与题意不符；假设乙说谎，那么甲也说谎，与题意不符。那么，说谎的肯定是丙了，只有甲和丙都拿零钱了才符合题意。

93 158个小朋友。10个小朋友拿到梨和苹果最少人数是(2+1)×（4+1）×（10−1）+1=136人，然后从左右两端开始向外延伸，假设梨和苹果都拿到的人为"1"，左右两边的延伸数分别为：3×5 − 3=12人，3×5 − 5=10人。所以，总人数

为 136+12+10=158。

94 由已知条件可知：

甲拿走的雨伞只可能是丙或戊的，乙拿走的雨伞只可能是甲或戊的，丙拿走的雨伞只可能是甲或丁的，丁拿走的雨伞只可能是甲或乙的，戊拿走的雨伞只可能是乙或丙的。

假设甲拿走的是丙的，那么戊拿走的就是乙的，丁拿走的只能是甲的，丙拿走丁的，乙拿走戊的，这样，乙和戊就相互拿错了雨伞，与条件不符。

所以甲只有拿走戊的，乙拿走甲的，丙拿走丁的，丁拿走乙的，戊拿走丙的。这样才符合条件。

95 C。

根据第一个条件，如果 A>B，并且 C>D，那么 E 得金奖。现在 C>D 成立，但是 E 没有得金奖，所以，A>B 这个条件不成立。也就是说，A 的票数不比 B 多。

第二个条件和第三个条件是干扰项。因为 C 的票数多于 D，但是 E 没有得到金奖。

96 手表是乙最先发现的。因为三个人都在场，所以丙说他不知道谁发现的，是假的，所以他说："不是我"是真的。所以乙说的"不是丙"是真的，那么乙说的不是自己就是假的。

97 因为三个人都没有说真话，所以 A 不娶甲，甲不嫁 C，C 不娶丙。那么甲和 B 是一对，C 要娶乙，剩下的 A 和丙是一对。

98 B。

因为游戏规则是"夫妇两个不能一组"，因此，"没有一个女人同自己的丈夫一组"。

对照以上原则，已知杰克跟莉莉一组，所以杰克和莉莉不能是夫妻，D 选项不符合题意。

再假设 A 正确，杰克跟莉莉一组，那么剩下的两组只能是汤姆和萨拉，亨利和琳达，对照题目已知"汤姆的队友是亨利的妻子"发现，汤姆的队友萨拉是杰克的妻子，于是假设不成立，A 不符合题意。

同样的道理，假设 B 正确，已知杰克跟莉莉一组，剩下的两组就是汤姆和琳达，亨利和萨拉，再对照已知"汤姆的队友是亨利的妻子"和"琳达的丈夫和萨拉一组"发现完全吻合，因此假设成立，所以 B 符合题意。

假设 C 成立，那么已知杰克跟莉莉一组，剩下的两组就是汤姆和萨拉，亨利和琳达，再对照已知条件"汤姆的队友是亨利的妻子"发现，萨拉不是亨利的妻子，因此，假设不成立，

选项 C 不合题意。

99 A 打碎了杯子。

因为打碎杯子的一定会说谎，如果 B 说的是真话，不符合题意，所以 B 说的是假话，B 没有打碎。那么 D 说的是真话，D 也没有打碎。剩下 A 和 C。假设 A 没有打碎杯子，那么 C 说的就是真的，那么 A、C 都没有打碎，这样是不可能的。

所以 A 肯定打碎杯子了，而 C 说的是假话。

100 若这个人是 B 队的，则找到的人是 A 队的，那人会说在讲台西，而这个人会说在东；若这个人是 A 队的，找到的是 A 队的，会说在讲台西，若这个人是 A 队的，找到的是 A 队的，会说在西；若找到 B 队的，他会说在西，结果还是说西，所以只要说西，这人一定是讲真话那一队的。

101 3 条病狗。

（1）假如有 1 条病狗，那主人肯定不能看自己家的狗，出去没有发现病狗，但村长却说有病狗。他就会知道自己家的狗是病狗，那么第一天就应该有枪声，但是事实上大家并没有听到枪声，因此推出病狗不是一条。

（2）假如有 2 条病狗，设为甲家和乙家。第一天甲和乙各发现对方家的狗是病狗，但是第一天没有听到枪响。第二天

就会意识到自己家的狗也是病狗。接着第二天就应该有枪响，但事实上也没有，所以 2 条病狗也不对。

（3）假设有 3 条病狗，设为甲、乙、丙家。第一天甲、乙、丙各发现 2 条病狗，他们就会想第二天晚上就会有枪响，但是第二天晚上没枪响，第三天晚上他们就会意识到自己家的狗也有病，所以开枪杀狗。因此通过假设，我们可以看出这个村里有 3 条病狗。

102 甲是说假话的小偷。

假设甲是小偷，甲说的全是假话，那么丙说的也有假话，乙就是好人，说的都是真话，那么乙是医生，丙是百货公司业务员。那么丙说的自己是百货公司业务员是真的，乙是司机是假的。没有矛盾。

假设乙是小偷，那么丙是从犯，甲是好人，甲说自己是推销员，乙说甲说自己是推销员就是真的，与乙全部说假话矛盾。

假设丙是小偷，则丙句是假，那么丙不是百货公司业务员，那么乙说的有真有假，甲说的都是真话，那么甲和丙都说乙是司机，却一真一假，矛盾。

103 冠军是英国。

假设韩克是正确的，冠军不是美国就是德国，那么张乐和

李锋都是对的，这不符合条件，所以韩克一定是错误的，冠军不是美国，也不是德国。

假设巴西是冠军，那么张乐错，李锋对，不符合条件。

假设西班牙是冠军，那么张乐对，李锋错，不符合条件。

假设英国是冠军，那么张乐对，李锋对，符合条件。

假设法国是冠军，那么张乐对，李锋错，不符合条件。

所以冠军是英国。

104 西德。

如果说谎的是雷的妻子，则右手边起顺序为：

多—西—特—雷—多

如果说谎的是西德的妻子，则右手边起顺序为：

多—西—雷—特—多

如果雷的妻子说谎，那么特德坐在多的对面，那么雷的妻子也说谎了，不符合。特德的妻子没说谎，那么特德要么坐在多伊尔的左边，要么右边。不可能坐在多伊尔的对面，那么可以证明雷的妻子不可能说谎，所以是西德的妻子说谎了，凶手是西德。

105 A。

假设老鼠 A 说的是真话，那么其他三只老鼠说的都是假话，这符合题中仅一只老鼠说真话的前提；假设老鼠 B 说的是真话，那么只能推导出老鼠 A 说的是假话，因为 A 说它们都偷奶酪了；假设老鼠 C 或 D 说的是真话，这两种假设只能推出老鼠 A 说假话，与题干不符。所以 A 选项正确，所有的老鼠都偷了奶酪。

106 第一堆桃子有 27 个，第二堆桃子有 45 个。

设第一堆有 x 个，则第二堆有（72–x）个，那么

2/3x+ 5/9（72–x）=72–29

6x+360–5x=387

x=27

所以，第一堆有 27 个，第二堆有 45 个。

107 假设第一个木牌是正确的，那么第一个小木牌所在的路上就有宾馆，第二条路上就没有宾馆，第二句话就该是真的，结果就有两句真话了；假设第二句话是正确的，那么第一句话就是假的，第一条、第二条路上都没有宾馆，所以走第三条路，并且符合第三句所说，第一句是错误的，第二句是正确的。

108 张三、王五说谎，李四没说谎。

如果张三没说谎，那么李四说谎，王五也说谎，但这与李四的话矛盾。

所以，张三一定说谎了，那么李四没说谎，王五说谎了。

109 D。

因为两个村庄的人说谎的日期没有重叠的一天，所以两人不可能同时说谎。

假设是 A 村庄的人说谎，那么这天就可能是星期一、星期三、星期五，B 村庄的人说真话，那么这天可能是星期一、星期三、星期五、星期日，综合一下，那么这天可能是星期一、星期三、星期五，那么前天可能是星期六、星期一、星期三。A 今天说谎，那么前天应该说真话，所以只能是星期六，B 说真话，前天说谎，前天只能是星期六。所以在这种情况下前天是星期六，今天是星期一。

假设是 B 村庄的人说谎，那么这天就可能是星期二、星期四、星期六，A 村庄的人说真话，这天是星期二、星期四、星期六、星期日， 所以这天可能是星期二、星期四、星期六，前天就是星期日、星期二、星期四。B 今天说谎，那么前天应该是星期日，A 今天说真话，那么前天应该是星期一、星期三、星期五，这种情况是无法存在的。

所以这一天是星期一。

110 现在是上午，胖的是哥哥。

假设现在是上午，那么哥哥说实话，因为较胖的说了实话，所以较胖的是哥哥。较瘦的是弟弟，说了谎话，没有矛盾。

假设现在是下午，弟弟要说真话，两个人都说自己是哥哥，显然弟弟说谎，所以矛盾。

111 根据上述中的假设，（1）和（2）中能适用于实际情况的只有一个，同样，（3）和（4），（5）和（6）也是一样的情况。

根据上述中的结论，（2）和（5）适用于实际情况的可能不太大。因此，能适用于实际的情况，有以下几组中的一组或多组：

A. （1）、（4）和（5）

B. （1）、（3）和（5）

C. （1）、（4）和（6）

D. （1）、（3）和（6）

E. （2）、（4）和（6）

F. （2）、（3）和（6）

假如选项 A 能适用于实际情况，则根据（1）的结论，凶手是男性；根据（4）的结论，受害者是女性；可是这与根据（5）的假设相矛盾，因此 A 不适用。

假如选项 B 能适用于实际情况，由假设可知，凶手与受害者有血缘关系而且职业与性别一样。这与每个家庭的组成情况不相符，因此 B 不适用。

假如选项 C 能适用于实际情况，则根据有关的结论，凶手是男性，受害者是个女性医生。又根据（1）和（4）的假设，凶手是律师，凶手与受害者有血缘关系，这与各个家庭的组成情况不相符，因此 C 不适用。

假如选项 D 能适用于实际情况，则根据（1）的结论，凶手是男性，根据（3）的结论，受害者也同样是男性；又根据（6）

的假设条件，凶手与受害者的性别不一样，因此 D 不适用。

假如选项 E 能适用于实际情况，则根据（2）的结论，凶手是医生；根据（6）的结论，受害者也是医生，又根据（4）的假设条件，凶手与受害者职业不一样，因此 E 不适用。

所以，根据以上的推论，只有 F 能适用于实际情况，凶手是医生，受害者是男性医生，根据组成的情况，凶手是女性。又根据各个家庭的组成情况，凶手必定是小蒂，（2）的假设则说明，受害者是小刚；而且，（3）的假设和（2）、（6）的结论相符合。

112 戴维是法国人，毕尔是日本人，杰克是美国人。

戴维不喜欢面条，而喜欢面条的人不是法国人，那么毕尔和杰克就是日本人和美国人（不对应）。

因为毕尔不是美国人，所以毕尔是日本人，杰克是美国人，那么戴维是法国人。

113 C。

假设同学甲"第三题是 A"的说法正确，那么第二题的答案就不是 C。同时，第二题的答案也不是 A，第五题的答案是 C，再根据同学丙的答案知道第一题答案是 D，然后根据同学乙的

答案知道第二题的答案是 E，最后根据同学丁的答案知道第四题的答案是 B。所以以上四个选项中第三个选项正确。

114 15%×80%/（85%×20%+15%×80%）

115 甲是预言家，乙是音乐家，丙是政治家，丁是作家。

　　假设乙说得正确，那么丙是预言家，而甲、丙、丁说的都是错误的，但丙说自己成为预言家是正确的，与之矛盾。所以乙说的是错误的。丙不是预言家，那么丙说的也是错误的，那么丁是作家，而乙、丙都不是预言家，所以甲是预言家，那么丙是政治家，剩下乙是音乐家。

116 小王是这样得出答案的：对题目中所给的条件进行分析，假如把全体员工的人数扩大 2 倍，则它被 5 除余 1，被 7 除余 1，被 11 除余 1，那么，余数就相同了。假设这个企业员工的人数在 3400 ～ 3600，满足被 5 除余 1，被 7 除余 1，被 11 除余 1 的数是 5×7×11+1=386，386+385×8=3466，符合要求，所以这个企业共有 1733 名员工。

117 D 本题中，从题干部分很明显可以得出两个词之间是同一事物的不同称谓的逻辑关系，但仅有此关系无法在备选项中选出答案，因为 A、B、D 项都符合要求。再仔细分析题干部分可以发现金陵是南京历史上有过的名称，而 A 项中春城是昆明的别称，B 项中广州的简称为穗。只有 D 项中蓟是北京古代的

名称。也就是说，在本题中若要得到正确结论，必须同时符合两个逻辑关系。

118 C。本题中，题干部分金刚石和石墨具有相同的构成元素，虽然物理形态不同，但是其本质属性是相同的，它们是同素异形体。在选项部分，最具迷惑性的选项就是 D 项二氧化碳和干冰，它们是同一物质的不同形态，具有相同的本质属性，但它们不是同素异形体，后者仅指单质，不包括化合物。最符合题干要求的应当是 C 项红磷与白磷，它们也是同素异形体。

119 B。童年是人生一个阶段，决赛是足球赛的一个阶段。

120 C。而 D 项错在，蜜蜂建造蜂巢是无意识的本能行为，其没有计划性、目的性。本题正确选项应当是 C。

121 B。窑是制作陶瓷的地方。A 项、D 项显然错误，C 项中砖场是码放砖的地方，而不是制作砖的地方。

122 C。

123 B。龙头控制水的流止，开关控制电的流止。

124 D。

125 钳子。其他都是锯状物。

126 B。

127 B。

128 C。

129 A。

130 A。

131 D。

132 A。

133 A。

134 A。

135 C。

136 C。由题意可以看出，A项，农场到我住处的距离和农场到机场的距离都是未知的，无法比较；B项，我没有住在农场和机场之间；C项，我的住处到农场的距离比机场近是一定的。

137 A。此题首先判断与纸张关系最近的词，分别是书本＞笔＞文章，再判断与毛衣关系最近的词"毛线"，代入后发现，已知词与未知词构成成品与原料的关系，符合要求。

138 A。此题如果对中国古典小说了解的话，可以很容易选出A。但如果不熟悉，恐怕很难选对。事实上，单看题干就能判断出此题考查的要么是作品与作品中人物关系，要么是作者与作品关系，只要结合选项，并具备一定常识，不难作出正确答案。

139 B。此题具有很大迷惑性，A、D项都可能被误选。表盘与钟表、齿轮与发动机都是部分与整体关系，但选项A并不一一对应。房间与钟表、汽车与发动机都是场所与物品关系，但选项D也对应有误，所以虽然关系可能一致，但并非正确选项。此题正确答案应为B，是部分与整体准确的对应关系。

140 4个。最差的情况下抓3个每个颜色一个，所以再多抓一个，里面一定会有2个是一样颜色的。

141 A、B。

142 B。

143 C。

144 C。重点在于"不见得"这三个字的意思，也就是说前进本来意思是死得光荣，但未必如此。

145 C。教授只是说明长子继承财产的原则，并没有排除女儿继承财产的可能。学生忽视了这一点，所以造成误解。在只有女儿的情况下，女儿继承财产并没有违背长子继承原则。

146 把装有空气的气球和砝码同时放在天平的两端，使天平平衡。然后放掉空气，减去砝码，重新使天平平衡。减去的砝码重量就是气球中空气的重量。

147 阿凡提说："那要看桶的大小了，如果桶是和水池一样大的，那么就只有一桶水，如果桶只有水池一半大，那么就只有两桶水，如果桶只有水池的三分之一大，那就是三桶水……"

148 C。A、B、D 三项都是从反面来论证观点的，属于反证法，反证法是先用确定与原论题相矛盾的论题的虚假，根据假推真，从而间接确定论题的真假的一种证明方法。而 C 是从正面论述。

149 M 若是偶数概率为 0，M 若是奇数概率为 100%。

150 A。

151 其实这位观众仍然是在三个碗中选择一个，他选择正确的概率仍然是 1/3。在选择后再揭开另外一个空碗对他的选择没有任何影响。

152 7人。戴红帽子的人看来，戴红帽子和白帽子的人一样多，就是说戴红帽子的人比戴白帽子的人多一个。而在戴白帽子的人看来，戴红帽子的人是戴白帽子的人的2倍，就是说当戴红帽子的人比戴白帽子的人多2个人时，戴红帽子的人是戴白帽子的人的2倍。所以可以知道这时的一倍就是2人，所以可以知道戴红帽子的人数是4人，戴白帽子的人数是3人，所以共7人。

153 一层。可以将硬币立起来铺。

154 B。

155 A躺在床上，B在看书，C在写信，D在修指甲。

　　由（1）、（2）、（4）可得，D在修指甲。由（3）得，A躺在床上，现在就剩下B和C在看书和写信，因为（4），C应该在写信，B在看书。

156 错误。

157 徐先生是部门经理，赵先生是艺术家，李先生是工程师。

158 把10个桶按1~10编上号，并且按编号的多少，从每个桶中取出零件，第一桶取1个，第2桶取2个，这样共取了55个。如果每个零件都是1克的话，正好是55克，现在有一桶是0.9

克的，假如是第 1 桶，总重量就会少 0.1 克，假如是第 2 桶，总重量就会少 0.2 克，所以只要知道总重量比 55 克少多少，就可以知道哪个桶里装的是 0.9 克的零件了。

159 有的住在郊区的学生不在学校吃午餐。

160 选一个选 F，因为只有 F 是不对称的，选三个选 Z、F、S，因为其他都是左右对称的。

161 C。从条件（1）和条件（3），可知赖普顿是否参与作案属情况不明；再结合条件（4），可知不管赖普顿是否参与作案，三人中其他的两个人施辛格和安杰士至少有一人参与了作案；从条件（2）如果施辛格作案，那么安杰士作案；可知如果安杰士不作案，那么施辛格也不作案，那就没有人参与作案了，这与条件（4）相矛盾，所以，安杰士必须作案。至于施辛格是否参与作案，从所给的条件中无法作出明确的判断。

162 释放戊，只有戊说的是真话。

163 这三个人的眼睛是两个红色的和一个蓝色的。因为如果只有一个红色的，那么他听到那个外乡人的话以后当天晚上就自杀了。两个红色看到一个红一个蓝，当天是不敢确定自己是红还是蓝，如果看到的那个红色眼睛当天晚上离开的话，那自己肯定蓝色的，但反之则是红色的。所以在第二天晚上两个红的离开，第三天那个蓝的推理出自己是蓝的。

164 C。由条件（1）可知，黄、绿、蓝、白四个颜色为两组互为对面的颜色；又由条件（2）、（3）可知，蓝色只能和绿色对面，那么白色和黄色对面，所以选 C。

165 64 号，首先想最简单的处理办法，这里一共有 5 个条件，能作为初步判断的只有前三个，那么前三个中最简单的就是第三个立方数的条件，假设为真，得出 1 ~ 10 的立方数，其中既符合平方数的也符合立方数的只有 64 和 512，若大于 500 则只有 512，小于 500 则 64，但 512 中有 1，若通过这个判断是 512，那么就不会说错，所以初步判断是 64。判断既符合平方数又符合立方数的原因是如果只符合立方数或平方数其中一项，则会因为符合条件的选项太多而推测不出来，因此估计为两项同时符合，就没有太多选择了。

166 从梨开始顺时针数到第七个为苹果，就是要开始数的水果。

167 40 瓶，20+10+5+2+1+1=39，这时还有一个空瓶子，先向店主借一个空瓶，换来一瓶汽水喝完后把空瓶还给店主。

168 穿黑色洋装的少女是人类，穿蓝色洋装的少女是天使，穿白色洋装的少女是恶魔。

能够说出"我不是天使"的只有人类。因为，如果这句话是天使说的，就意味着天使在说谎；如果是出自恶魔之口的话，就意味着恶魔在说真话（因此这样的情况就是人类在说真话）。

能够说出"我不是人类"的只有天使和人类。因为如果这句话是出自恶魔之口的话，就意味着恶魔在说真话（这样的情况就是天使在说真话，而人类在说谎）。

169 假设 A、B、C 是 3 个人，A 是珍妮，如果 A 是蓝帽子，而且 B 举手了，那么 C 可以很确定自己是红帽子，但是他们想了一分钟，说明 A 不是蓝帽子，所以 A 也就是珍妮知道了自己戴的是红帽子。

170 甲的弟弟是 D，乙的弟弟是 B，丙的弟弟是 A，丁的弟弟是 C。

在甲、乙、丙 3 个人中只有一个人说了实话，而且这个人是 D 的哥哥，因此乙说的是假话，乙不可能是 D 的哥哥。由乙说的话得知，丙也不可能是 D 的哥哥，所以丙说的也是假话，由此可得丁的弟弟是 C。由于乙、丙两人都说了谎，而丁又不是 D 的哥哥，因此甲一定是 D 的哥哥，甲说的是实话。即乙的弟弟是 B，丙的弟弟是 A。

171 C。关于 A，任何一种血型的献血者都会受到欢迎。关于 B，O 型血与大多数人的血型可供任何人使用，但并不是说它与其他血型是一样的。关于 D，题干只是说 45% 的献血者是 O 型的，并不能说明 45% 的人都是 O 型血。

172 假设从南极开始走，只要沿着地球外围走半圈，即可经过所有经纬线，所以最少为 2 万千米。

173 甲最后进的门。

174 孩子自己去租，说："我没孩子，只有父母"。

175 D。

176 D。

177 申请表在圆匣子里。

178 D。

179 C。首先可以明显看出 B、D 是错误的。根据题意，简写如下，如果拿到项目 A，那么 B 产品正常投放市场；只有 B 产品正常投放市场，资金才能正常周转；如果资金不正常周转，那么 C 产品研发无法如期进行。

现在 C 产品研发如期进行→资金正常周转→B 产品正常投放市场，所以选择 C 答案。

180 D。因为只有一个人的预测是正确的，而甲乙都说 A 有希望，所以 A 不可能被录用。也就是说丁预测正确，其他三人预测错误。所以只有没被提到的 D 被录用了。

181 例如，他们在两个地方进香蕉，第一个地方，香蕉的价格

是每斤2元，甲买了40斤，乙买了50斤，丙买了60斤；第二个地方的香蕉的价格是每斤1元，甲买了70斤，乙买了50斤，丙买了30斤。这样每个人都花了150元。

182 B。因为甲园中所有的果树都能在乙园中找到，也就是乙园包括了所有甲园果树种类，而丙园又包括了所有乙园拥有的种类，所以丙园也就包括所有甲园的果树种类，因此，甲园所有果树都能在丙园中找到。

183 如果是自杀，她的手不可能放在毛毯下面。

184 按照题意共有7种排法：女女女女、女女女男、女女男男、男女女男、男女女女、男男女女、男男男男。

185 小孩说："你欠了我10个铜板。"如果无赖回答相信，他要给小孩10个铜板，还不如回答不相信赔5个划算。

186 打开第二个箱子。

第一个箱子上的话是假的，如果它是真的，那么，第二个箱子的话也是真的，这是矛盾的。

所以第一个箱子上的话是假的，那么此时有三种可能：第一个箱子上的话前半部分是假的、后半部分是假的、都是假的。

如果前半部分是假的，珠宝在第一个箱子里，并且，第二个箱子上的话是假的，这时，根据第二个箱子的判断，珠宝在第二个箱子里，这和上面的判断冲突。

如果后半部分是假的，那么，珠宝在另外一个箱子里，并且第二个箱子上的话是真的，可以判断珠宝在第一个箱子里，这也是矛盾的。

所以，第一个箱子上的话都是假的，这时，珠宝在第二个箱子里，并且第二个箱子里的话是假的，这时根据第二个箱子上纸条的判断，珠宝在第二个箱子里。

187 D。

188 提名最多的第二候选人。

189 这样的话很多，比如："我今天一定要骗到你。"如果你真的骗到对方了，那么你就成功了；如果你没有骗到对方，那么这句话就成了假话，还是骗了对方。

190 解这道题，思维不能局限在平面里，而是要向立体方向发展，只需把 6 根火柴摆成一个正四面体，也就是一个棱锥体形状即可。

191 吴刚。

因为四位中只有两位是博士，所以符合条件的就在这两位之中，即王威或吴刚。

根据条件（4），假设李强是高个子，那么王威就不是高个子，那么3个高个子就是刘大伟、李强、吴刚。假设王威是高个子，那么李强就不是高个子，因为条件（3），那么就有两个人不是高个子，不符合条件（1）。所以吴刚是符合小李全部条件的人。

192 小林子、小欢子、小安子、小丹子的眼睛颜色分别为绿、红、灰、蓝，衣服颜色分别为黑、紫、茶、红，小狗数量分别为3、1、4、2。分析：

首先确定小欢子的眼睛是红色的，小安子的眼睛排除红色、蓝色，剩下灰色和绿色。又因为条件（2）中绿色眼睛和小安子不是同一人，所以小安子的眼睛是灰色的。

条件（1）中黑色服装和灰色眼睛（即小安子）、小欢子不是一个人，所以黑色服装的只可能是小林子或小丹子。同理，由条件（1）、条件（2）可以排除小安子的衣服是黑色和红色，由条件（4）可以排除紫色，所以，小安子的衣服是茶色的。那么，小欢子的衣服不可能是黑色和茶色，又因为她们的眼睛和服装颜色不同，所以小欢子的衣服是紫色的。

有了以上确定条件，加上条件（3）可知：小欢子加小安子加小丹子的小狗数量是7，组合方式是1、3、4（不按顺序）。

这时，假设小林子的眼睛和服装，再组合分析一下，就可以得出正确结果。

193 因为袜子是按照"双"来包装的，所以将每双袜子都分开，每人各拿一只，这样两人都将得到两只黑袜子和两只白袜子。

194 应该敲挂着男女牌子的门。因为挂着男女牌子的里面必定是同样性别的男男或女女，这样听到回答就可以确定。确定了这个，另外两个也立刻就能知道了。

195 A、B 所取的可能情况比较多，C、D 比较少，所以从 C、D 开始分析。

C 可能取的是 3、8 或 4、6；D 可能取的是 1、3 或 2、6 或 3、9。

假如 C 取的是 3、8，D 就只能取 2、6 了，那么 A 只能取 1、9，B 只能取 4、5。

假如 C 取的是 4、6，那么 D 可以取 1、3，也可以取 3、9。如果 D 取 1、3，那么 A 只能取 2、8，剩下 5、7、9 无法满足 B。假如 D 取 3、9，那么 A 还是取 2、8，剩下 1、5、7 无法满足 B。

所以答案为 A 取 1、9，B 取 4、5，C 取 3、8，D 取 2、6。

196 C 盒子里有梨。因为 A 盒子上的话和 D 盒子是矛盾的，所以二者必有一真。那么 B 盒子和 C 盒子上的话都是假的，所以可以知道 C 盒子里有梨。

197 这是拓扑学的问题。可以假设有两个人，一个人上山，一个人下山，他们在同一天上下山，那么，不管两个人的速度如何，总会在山脚到山顶的某个位置相遇。当他们相遇时,那时的时间、他们所处的地点肯定是相同的。因此，相遇的地点就是我们要证明的那个地点。

198 所有人都会被处死。

第一个人开始抓的时候，他知道 100 粒黄豆，五个人分，最可能活命的数量应该在 20 粒左右，所以他会抓 19 粒，或者 20 粒，或者 21 粒。

第二个人开始抓，他会摸出里面的黄豆的数量，以此来确定第一个人抓了多少粒，本着不能重复的原则，他抓的数量也是在 19 粒到 21 粒中，但不会和第一个人重复。

第三个人和第二个人思想一样，结果等他抓后，前三个人抓的数量将分别是 19 粒、20 粒、21 粒。

第四个人开始抓时，他会摸到剩下的黄豆的数量是 40 粒，他明白前三个人把死亡的可能推向了他和第 5 个人。他抓 19 粒、

20 粒、21 粒都是重复，抓 22 粒将是最大，抓 17 粒就是救了第五个人，他要是抓 18 粒，那么剩下的黄豆是 22 粒，第五个人无论抓多少粒都是死，所以不会抓 17 粒来救第四个人，因为他们都是歹毒的人。因此第四个人抓多少都是死。所以他一定会选择抓 20 粒。

第五个人摸到了袋子里剩下 20 粒黄豆，他知道他无论抓多少粒都是死，所以他会抓 20 粒。

这样，抓到 20 粒的 3 个人因为重复而被处死，剩下的抓 19 粒的和 21 粒的因为最多和最少而被处死。

199 A、B、E、G 是男孩，C、D、F 是女孩。

A 有三个妹妹，C 有两个妹妹，可见 A 比 C 大；因为 F 和 G 没有妹妹，且 F 是女孩，所以，G 肯定是最小且为男孩，现在得出的结果为 A>C（女）>F（女）>G（男），暂且不管 A 的性别，C 的两个妹妹中必须有一个比 E 小，且 E 为男孩，才能满足 E 有两个姐姐的条件，这个比 E 小的女孩就是 F，所以现在，A>C（女）>E（男）>F（女）>G（男）；因为 D 有两个弟弟，这时，可以看到，D 放在 E 前面刚好满足这个条件，D 为女孩又满足了 C 有两个妹妹、A 有三个妹妹的条件；B 放在 C 前面为男孩，A 为男孩就满足了所有的条件。所以 A（男）>B（男）>C（女）>D（女）>E（男）>F（女）>G（男）。

200 选两年只准一次的。

这道题如果换一种方式问，就很好回答了。你是要一只停了的钟，还是要一只每天慢一分钟的钟？当然你会选每天只慢一分钟的钟。

两年只准一次，也就是一天慢一分钟，共慢走约 720 分钟才准一次。而每天准两次的钟是停的，也就是钟表指针所在的位置指的那个点上午准一次，下午准一次。